U0873664

新编21世纪高等职业教育精品教材·通识课系列

AXUESHENG LAODONG JIAOYU JINENG SHIJIAN

大学生劳动教育技能实践

主　审◎黄　捷　郭光亮　于　强
主　编◎莫玲玲　杜　峰　夏小惠
副主编◎蒋超群　马天平　谭隆晏　陈志建
谢　艳　贺裕立　周　琴　王　琴
参　编◎李　静　李凤南　陈　娇　武盼盼
平　菁　殷春兰　马千里　伍　志
赖泽凤　贾晋飞　覃　林　杜　康

中国人民大学出版社
·北京·

图书在版编目（CIP）数据

大学生劳动教育技能实践 / 莫玲玲，杜峰，夏小惠主编. --北京：中国人民大学出版社，2022.3
新编21世纪高等职业教育精品教材. 通识课系列
ISBN 978-7-300-30357-4

Ⅰ.①大… Ⅱ.①莫…②杜…③夏… Ⅲ.①大学生-劳动教育-高等职业教育-教材 Ⅳ.①G40-015

中国版本图书馆CIP数据核字（2022）第039396号

新编21世纪高等职业教育精品教材·通识课系列
大学生劳动教育技能实践
主　审　黄　捷　郭光亮　于　强
主　编　莫玲玲　杜　峰　夏小惠
副主编　蒋超群　马天平　谭隆晏　陈志建　谢　艳　贺裕立　周　琴　王　琴
参　编　李　静　李凤南　陈　娇　武盼盼　平　菁　殷春兰　马千里　伍　志
　　　　赖泽凤　贾晋飞　覃　林　杜　康
Daxuesheng Laodong Jiaoyu Jineng Shijian

出版发行	中国人民大学出版社		
社　　址	北京中关村大街31号	**邮政编码**	100080
电　　话	010-62511242（总编室）		010-62511770（质管部）
	010-82501766（邮购部）		010-62514148（门市部）
	010-62515195（发行公司）		010-62515275（盗版举报）
网　　址	http://www.crup.com.cn		
经　　销	新华书店		
印　　刷	北京昌联印刷有限公司		
规　　格	185 mm×260 mm　16开本	**版　　次**	2022年3月第1版
印　　张	12.25	**印　　次**	2022年3月第1次印刷
字　　数	213 000	**定　　价**	45.00元

版权所有　侵权必究　印装差错　负责调换

前　　言

劳动是成功的必由之路，是创造价值的源泉，也是个体养活自己、照顾家庭、服务社会的唯一途径。劳动教育是中国特色社会主义教育制度的重要内容，直接决定社会主义建设者和接班人的劳动精神面貌、劳动价值取向和劳动技能水平。

2018 年 9 月 10 日，全国教育大会提出了要培养德智体美劳全面发展的社会主义建设者和接班人的总要求，并强调劳动育人的价值，为新时代高校的育人工作指明了方向。2020 年 3 月 20 日，中共中央、国务院《关于全面加强新时代大中小学劳动教育的意见》出台，对各级各类学校的劳动教育提出了科学的建构体系，绘制了新时代劳动育人的实施图景。

本书作为高校劳动教育的指导用书，秉持劳动教育的基本理念，结合劳动教育理论与实践中的重点问题，在尊重学生成长成才规律的前提下，体现时代性、把握规律性、赋予创造性，以切实助益高校劳动教育育人实效的提升为目标，以理论与实践结合、技巧与实务并济、指导与激励共进为特色，既能帮助学生触发对劳动的理解和思考，改变劳动的习惯和方式，增长劳动的智慧和本领，学会感恩、协作，增强社会责任感，又能促进高校学生工作者育人水平的提高，为构筑“师生共成长”的协同发展模式提供理论选择和实践支撑。

本书包含了“劳动改善生活”“劳动服务社会”“劳动创造价值”三部分内容，是一本较为系统、全面的劳动育人提升教程，既适合高校学生使用，又可供高校学生工作者、高校思想政治教育研究人员学习参考。本书在编写过程中，引用了相关专家、学者的理论、文献，借此机会向始终心系劳动教育的研究者们表达诚挚的谢意。由于编者水平与经验有限，书中疏漏和不足之处在所难免，恳请读者、同人批评指正。

编　者

目　录

第一篇　劳动改善生活

第一章　生活技能 …… 3
第一节　衣之有型 …… 3
第二节　食之有味 …… 21
第三节　物品整理 …… 26
第二章　生态文明 …… 37
第一节　环境保护 …… 37
第二节　卫生劳动 …… 43
第三节　环境美化 …… 49
第四节　花草种植 …… 62
第五节　垃圾分类 …… 68
第三章　工作更轻松 …… 76
第一节　常见网络故障排除 …… 76
第二节　数字图像技术应用 …… 80
第三节　数字视频技术应用 …… 85

第二篇　劳动服务社会

第四章　社会服务 …… 99
第一节　政务助理 …… 99
第二节　专业劳动 …… 102
第三节　创新创业 …… 105

第四节　乡村建设 …… 110
第五章　志愿活动 …… 115
第一节　社区服务 …… 115
第二节　赛事服务 …… 122
第三节　公益宣传 …… 129

第三篇　劳动创造价值

第六章　基础护理技术 …… 139
第一节　老人的照顾 …… 139
第二节　幼儿看护 …… 145
第三节　急救常识 …… 150
第七章　电商扶贫新型农业 …… 161
第一节　有机草莓采摘 …… 161
第二节　农产品定价 …… 169
第三节　农产品物流及运输 …… 178

参考文献 …… 189

第一篇　劳动改善生活

第一章 生活技能

第一节 衣之有型

一、洗衣必备常识

在日常生活中，我们常常会使用不正确的洗涤和晾晒等处理方法，导致衣物的质量下降，甚至会伤害到衣物。其实，厂家已经通过特定的方式把洗涤方法告诉了我们，那就是印在衣物条缝或吊牌上的水洗标。水洗标一般缝在上衣或者裤子的里侧面，除此之外像沙发、坐垫、毛巾、毛绒玩具、帐篷、鞋子、帽子、雨伞、纺织物等产品也会用到水洗标。水洗标在日常生活中又叫洗水标、洗涤标、洗标，大部分是经过印刷制作而成的，也叫作印标、布标或者缎标等。总之，水洗标的叫法不一，但它的内容一般都是一些服装参数和注意事项、衣服的面料成分、正确的洗涤方法等，有的水洗标也会印上品牌 Logo，可过洗不掉色。

衣物如何洗涤是一个很重要的问题，正确的洗涤方法会让衣物亮丽如新，而不当的洗涤方法可能会损坏衣物，所以大家都很有必要了解一下水洗标上的洗涤标志所代表的意义，见表 1-1。

表 1-1 水洗标常见洗涤标志说明

	只能用手洗，不能使用洗衣机		不能水洗
	50℃机洗。1 表示轻柔，2 表示标准，3 表示可用强洗		可以使用洗衣机洗涤，但必须使用弱档

续表

	不能使用搓衣板搓洗		不能用沸水或温度过高的水洗
	可以干洗		不能干洗，只能水洗
	可以干洗，P 表示可以使用任何干洗剂洗涤		可以干洗，圆圈内的字母则代表可以使用的干洗剂型号
	可以干洗，但只能使用石油类的干洗剂干洗		不能使用滚筒式干洗机洗涤
	可以干洗，圆圈内字母表示可以使用的干洗剂型号，圆圈下的直线表示洗后衣服的处理要格外小心		
	可用含氯的洗涤剂洗涤，或用氯液漂白		漂白时要用含氯的漂白剂
	不能使用含氯的洗涤剂洗涤，也不能用含氯的漂白剂溶液漂白衣物		
	可以拧干		不可以拧干
	要悬挂起来晾干		不能挂在衣架上晒干，要放在平面处晾干
	不能拧干，宜悬挂起来滴干		可以用衣架晒干，但不能放在阳光下暴晒
	可以用烘干机烘干		不可以用烘干机烘干
	不可以熨烫		可以熨烫，但必须低温熨烫
	可以低温熨烫，使用的熨烫温度为 110～120℃		可以中温熨烫，使用的熨烫温度为 130～150℃
	可以高温熨烫，使用的熨烫温度为 170～220℃		可以低温熨烫，但必须垫烫布
	可以高温熨烫，但必须垫烫布		

不同种类的衣物洗涤要求也不同，见表 1-2。

表 1-2 不同种类衣物的洗涤要求

衣物	洗涤要求
单裙/连衣裙/裤子/外套（一般梭织物）	常规程序，最高洗涤温度 40℃，不可漂白，悬挂晾干，熨斗底板最高温度 110℃，可低温干洗
针织衫/针织外套/棉袄	常规程序，最高洗涤温度 40℃，不可漂白，悬挂晾干，熨斗底板最高温度 110℃，可低温干洗
毛衫	手洗，最高水温 40℃，不可漂白，平摊晾干，熨斗底板最高温度 110℃，可低温干洗
羊毛外套/粗纺	不可水洗，不可漂白，在阴凉处悬挂晾干，熨斗底板最高温度 110℃，可低温干洗
皮衣	不可水洗，不可漂白，在阴凉处晾干，不可熨烫，可低温干洗。请到专业皮衣护理店护理清洁，注意防酸防碱，储存要注意防潮防霉防虫蛀
羽绒服（包含免烫物）	常规程序，最高洗涤温度 40℃，不可漂白，悬挂晾干，不可熨烫，不可干洗

二、熨烫实用技巧

（一）熨烫工具

我们日常生活中使用的熨烫工具主要有电熨斗和挂烫机。下面我们来了解一下它们各自的特点。

1. 电熨斗

电熨斗是使衣服和布料平整的工具，功率一般在 300～1 000W 之间。它的类型包括普通型、调温型、蒸汽喷雾型等。普通型电熨斗结构简单，价格便宜，制造和维修方便。调温型电熨斗能够在 60～250℃范围内自动调节温度，能自动切断电源，可以根据不同的衣料采用适合的温度来熨烫，比普通型更省电。蒸汽喷雾型电熨斗既有调温功能，又能产生蒸汽，有的还装配有喷雾装置，免除了人工喷水的麻烦，衣料润湿更均匀，熨烫效果更好。电熨斗的工作原理在于压烫，无论是为衬衫压出挺括的领子与袖口、为百褶裙压出细密的皱褶，还是为裤子压出分明的裤线，电熨斗都能做到，但使用起来需要掌握一定的技巧。

2. 挂烫机

挂烫机也叫挂式熨斗、立式熨斗，就是能挂着烫衣服和布料的机器。挂烫机分为手持式挂烫机、普通蒸汽挂烫机、压力型蒸汽挂烫机。挂烫机的工作原理是通过内部产生的灼热水蒸气达到软化衣服和布料纤维组织的目的，并通过“拉”“压”“喷”的动作使衣服和布料平整、整洁如新。挂烫机与电熨斗相比使用更加简单方便，水箱容量更大，可以长时间工作，方便连续熨烫多件衣物，但熨烫效果不及电熨斗，适合对熨烫要求不是很严格的衣服。

（二）熨烫温度

不同布料对熨烫温度的要求不一样，在熨烫之前一定要清楚衣物的材质特性，要根据衣物的材质对熨斗的温度进行调节、控制。常见材质衣物的熨烫温度见表1-3。

表1-3　常见材质衣物的熨烫温度

衣物材质	（大约）熨烫温度
毛织物（薄呢）	120℃
毛织物（厚呢）	200℃
棉织物	160～180℃
丝织物	120℃
涤纶织物	130℃
锦纶织物	100℃
涤棉或涤粘混纺织物	150℃
涤毛混纺织物	150℃
涤腈混纺织物	140℃
化纤仿丝绸	130℃
维棉混纺织物	100℃（宜干烫）

此外，在熨烫衣物前，我们要仔细查看衣物上是否有水洗标，水洗标上对温度的要求也会有清楚的标示。当我们无法判断使用何种温度来熨烫时，查看衣物水洗标是最好的办法。

（三）熨烫顺序

在日常熨烫衣服时，我们一般遵循“先烫反面，再烫正面；先烫局部，再烫整体”的原则。以下是日常服装的一般熨烫顺序：

上装：分缝—贴边—门襟—口袋—后身—前身—肩袖—衣领。

裤装：腰部—裤缝—裤脚—裤身。

衬衫：分缝—袖子—领子—后身—小裥—门襟—前肩。

在实际熨烫过程中，我们也可以根据衣服的具体情况适当调整顺序。此外，当一次要熨烫多件衣服，而且需要设置不同的温度时，我们要先设置所需温度低的衣服的温度，然后逐渐将温度提高。

（四）熨烫注意事项

（1）要烫熨的衣物必须先洗干净，否则衣物上的污点熨烫后会更明显。未洗净或未烫干的衣服，储存久了会有霉点，用醋水洗净后再熨烫，霉点即可消除。

（2）毛料衣服有收缩性，熨烫毛料衣服时应在反面垫上湿布再熨烫。

（3）针织衣物易变形，不宜重重地压着熨烫，只要轻轻按着即可。

（4）熨烫皮革服装时温度不宜过高，且须用棉布垫上，然后不停地来回均匀移动熨斗。

（五）熨烫步骤

1. 使用蒸汽电熨斗熨烫衣服的具体步骤

步骤一：准备蒸汽电熨斗一个、熨案一个。

步骤二：查看衣服材质，并检查衣服的水洗标，以便根据材质和水洗标上的说明来设置相应温度。

步骤三：向熨斗中注水。蒸汽电熨斗有蓄水槽，向蓄水槽中注入蒸馏水或者瓶装水，以防矿物质在熨斗和衣服上聚积。

步骤四：正确设置温度。接通电源，设置到合适温度后，让熨斗保持直立状态，等待加热。当熨斗开始加热时，指示灯亮，当达到工作温度时，指示灯灭，即可开始熨烫。

步骤五：熨烫。将要熨烫的衣服整理平整放在熨案上，按照“先烫反面，再烫正面；先烫局部，再烫整体”的原则进行熨烫，具体顺序可参照上面介绍的“日常服装的一般熨烫顺序”来进行。

步骤六：将衣服挂起。熨烫完后，要用衣架将熨烫完的衣服挂在通风处。因为衣服在冷却过程中很容易产生褶皱，并且蒸汽电熨斗喷出的水蒸气会使衣服潮湿，所以必须晾干以后才能放入衣柜收纳。

步骤七：电熨斗使用完毕拔掉电源后，竖直放置，待冷却之后再收起存放。要记得将余水倒净，不然遗留下来的水会从底板流出，时间久了底板会受到侵蚀。

2. 使用挂烫机熨烫衣服的具体步骤

步骤一：取出挂烫机，将支架和导气管安装好，并往水箱里灌入普通饮用水，挂烫机对水的要求不高，具体水量请参照挂烫机使用说明书。

步骤二：把要熨烫的衣服用衣架挂好，将衣架挂在挂烫机的支架上。查看衣服材质，并检查衣服的水洗标，以便根据材质和水洗标上的说明来设置相应温度。

步骤三：插上电源，设置相应温度。在等待加热的时间里，查看衣服哪里褶皱严重需要重点熨烫，也可以戴上手套，初学者不熟练戴手套更安全。当喷气口开始喷气时，即可开始熨烫。

步骤四：熨烫。使用挂烫机时，我们可以灵活掌握熨烫顺序，一般原则是“先熨烫褶皱严重的部分，后熨烫其他部分”。对准褶皱严重部分从上向下慢慢熨烫，可以反复熨烫几次，直到平整为止，其他部分熨烫一次即可。

步骤五：挂烫机刚熨烫过的衣服也是潮湿的，必须拿到通风处晾干才能收纳。

步骤六：挂烫机使用完毕拔掉电源后，喷头的部分应小心放置，一般挂在支架上，待冷却之后，将水箱内剩余的水倒出（不要使用完毕马上将水倒出，此时水箱内的水温度很高，容易烫伤），然后将支架拆卸完毕后收起存放。

（六）不同材质衣物的熨烫方法

见表 1-4。

表 1-4　不同材质衣物的熨烫方法

不同材质	熨烫方法
棉麻衣物	1. 动作敏捷，但不能过快； 2. 往返不宜过多； 3. 用力不宜过猛； 4. 熨烫浅色棉麻织品时应保持匀速，以免衣料发黄
丝质衣物	1. 垫布熨烫，或熨烫衣物反面； 2. 熨烫时熨烫机要不断移动位置，不能在一个地方停留时间过久，以免产生烙印水渍，影响衣物的美观
皮衣	1. 垫干燥的薄棉布进行熨烫； 2. 熨烫时用力要轻，以防烫损皮革
毛织衣物	1. 先将湿布盖在布料上，再熨烫； 2. 熨烫时，熨烫机应平稳地在衣服上移动，不宜移动过快
合成纤维衣物	初次熨烫前可先找衣物里面不明显的部位试熨，在掌握了适合的熨烫温度后再进行大面积熨烫

三、衣物的叠法

你有没有家里衣柜小，衣服装不下，打开柜门衣服掉一地的时候？有没有出门去旅行，行李箱里乱糟糟，找件衣服要翻遍行李箱的时候？有没有衣服叠好没几天就翻乱了，还要重新去叠的时候？如果有，说明你叠衣服的方法不对。今天我们来学习一些叠衣服的小技巧，让你的衣柜容量瞬间增大，行李箱里的衣服一目了然，找衣服再也不用乱翻。

（一）叠衣服的常用方法

见表1-5。

表1-5　叠衣服的常用方法

方法	说明	步骤图解
方块法	这是最传统的一种叠衣服的方法，这种叠法适合居家整理衣物，它的好处是衣服整齐，大小一致，放在衣柜里一目了然，找衣服方便，但不适合出门旅行的时候用	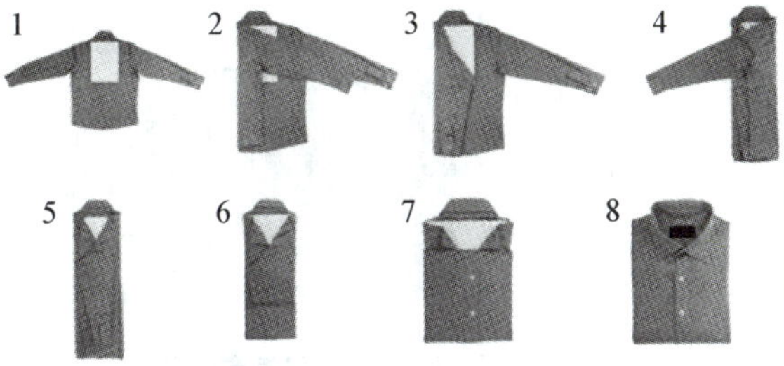
卷叠法	这是近几年开始流行的一种叠法，就是在叠衣服的时候，先把衣服整理成长方形，然后从衣服的一头向另一头卷起，将衣服卷成一个直筒。用这种叠法叠完衣服后可以放在衣柜抽屉里，更适合出门旅行的时候放在行李箱里	
口袋法	这是日本的近藤麻理惠首创的叠衣法。用口袋法叠衣服的好处是衣服叠好以后既可以平放进衣柜或行李箱，也可以竖放进抽屉或行李箱，而且因为衣服其余部分被装进了“口袋”，所以在翻动衣服的时候不易被弄散，从而使衣柜或行李箱更整齐，降低收拾衣柜或行李箱的频率	详见下面

（二）不同衣物适用不同叠法

下面我们就来学习一些常用衣物的口袋式叠法。

1. T恤衫的叠法

(1) 方块口袋法（见表1-6）。

表 1-6　方块口袋法叠 T 恤衫

步骤	操作	图示	步骤	操作	图示
步骤1	将T恤衫正面朝上，铺平，用力将褶皱抹平		步骤5	将衣服领口部分向下对折两次（如果步骤2是上折到1/3，则此步骤将领口部分向下对折一次），使衣服领口部与后折的部分重合	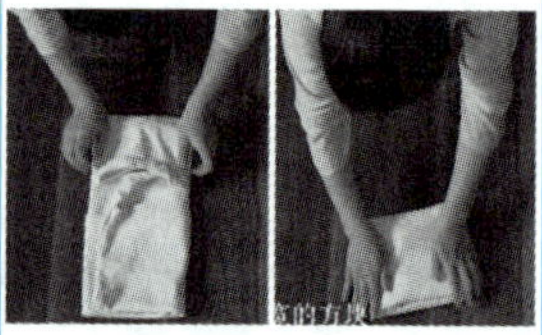
步骤2	将T恤衫下摆向身后折约1/4（儿童上衣可以折1/3）		步骤6	将折叠好的矩形捏紧折叠边拿起，一只手伸入“口袋”，并抓紧折叠处，另一只手把“口袋”向外翻	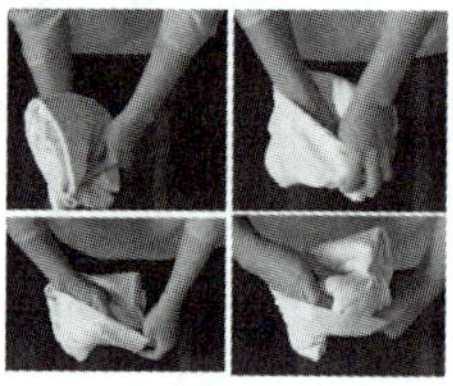
步骤3	将T恤衫侧身如图内折后，整理袖子，抹平褶皱	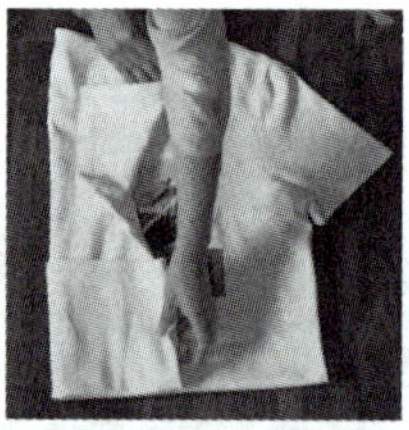	步骤7	“口袋”外翻后，整理矩形边角	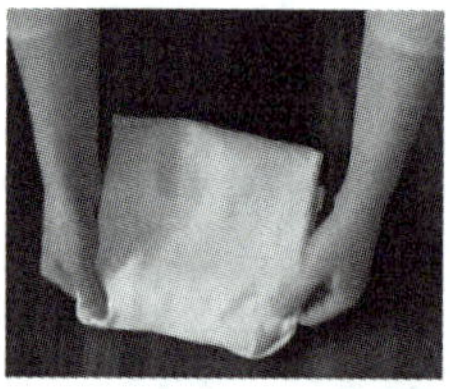
步骤4	如图内折另一侧，整理袖子，抹平褶皱，此处需注意，口袋的预留宽度参考手掌	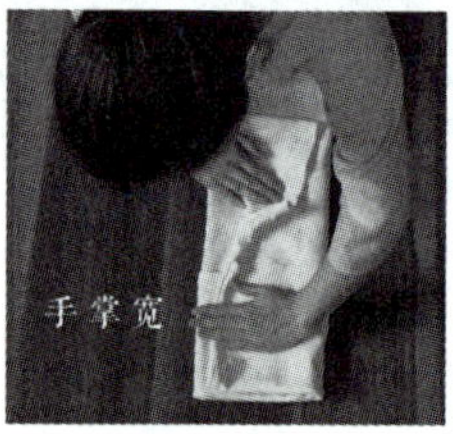	步骤8	然后整理成“豆腐块”形状	

除了T恤衫可以这样叠以外，各种裙子也可以参考此方法进行折叠。

（2）卷叠口袋法（见表1-7）。

表 1-7　卷叠口袋法叠 T 恤衫

步骤	操作	图示
步骤1	衣服对折后铺平，用力将褶皱抹平	

续表

步骤	操作	图示
步骤 2	如图向内折叠衣袖，并整理身侧，抚平褶皱	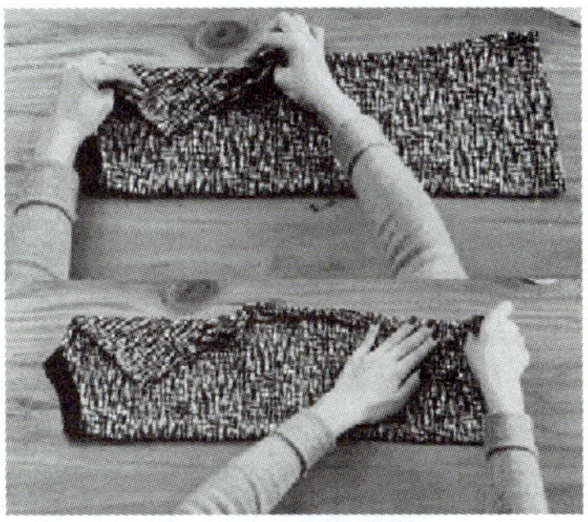
步骤 3	将衣服下摆由内向外翻折大约 10cm（如果衣服比较厚，这个尺寸可以再大一些）。这一步很重要，翻起的部分就是装衣服其余部分的“口袋”	
步骤 4	将衣服由衣领一侧一点点向衣摆方向慢慢卷起，卷成直筒状，卷得越紧实越好	
步骤 5	将下摆向上翻折的部分向外翻起，包住衣服其余部分	
步骤 6	将褶皱整理平整，衣服就叠好了，这样既省地方，又不会散	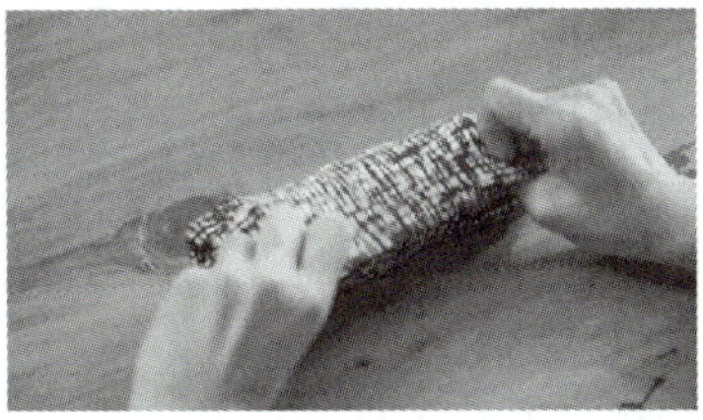

2. 毛衣的叠法（见表 1-8）

表 1-8　毛衣的叠法

步骤	操作	图示	步骤	操作	图示
步骤 1	将毛衣正面朝上铺平，将褶皱用力抹平		步骤 4	将毛衣右半部向左折叠 1/4，折成长方形	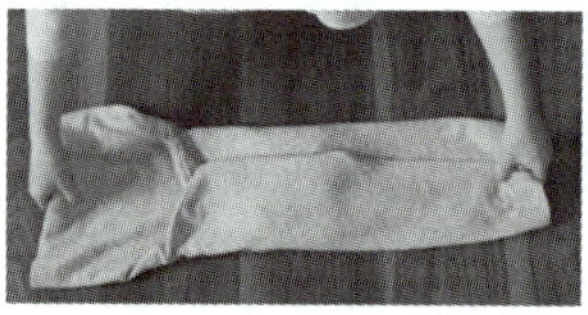
步骤 2	将一只衣袖向内折叠，抚平褶皱，另一只袖子也如此操作	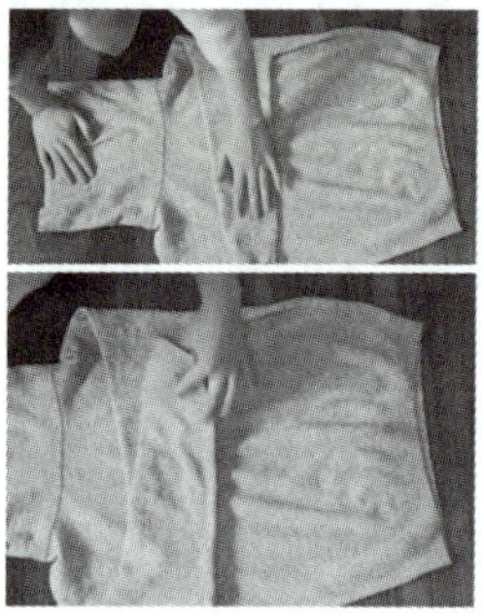	步骤 5	将衣领部分向下折叠 1/3，将毛衣下摆向上折 1/3	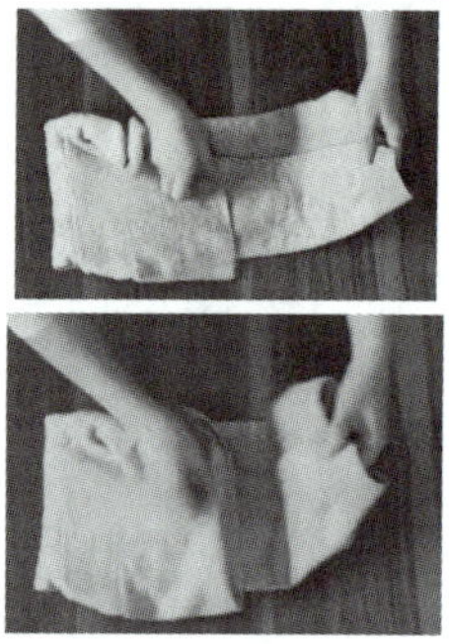
步骤 3	将毛衣左半部分向右折叠 1/4		步骤 6	将步骤 5 中的上折的衣摆塞入衣领形成的“口袋”里，整理整齐	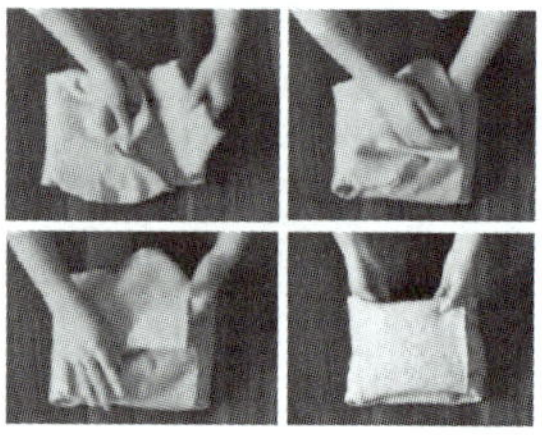

3. 连帽卫衣的叠法

连帽卫衣因为有帽子，帽子本身就是一个口袋，所以我们只需要将衣服的其余部分叠好塞在帽子里就可以了。具体叠法见表 1-9。

表 1-9　连帽卫衣的叠法

步骤	操作	图示
步骤 1	将卫衣正面朝上铺平，抚平褶皱	
步骤 2	将卫衣下摆向上折至腋下位置	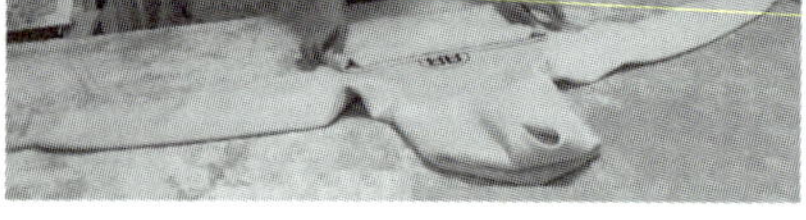

续表

步骤	操作	图示
步骤 3	如图再向上翻折，约与肩袖同宽	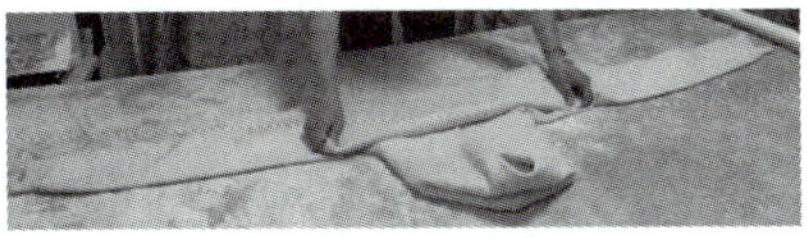
步骤 4	将衣袖向内折叠	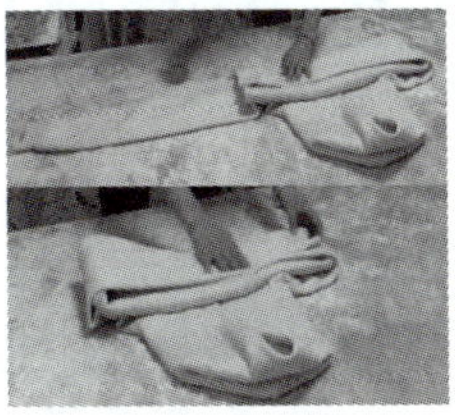
步骤 5	将衣身左右侧向内折，一手托起，一手把帽子折到下面	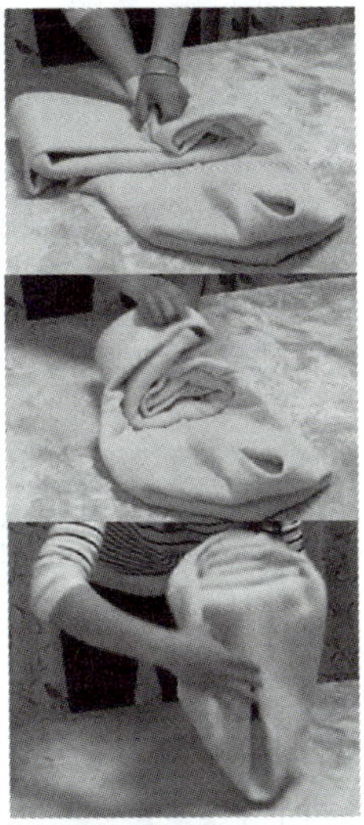
步骤 6	将帽子从下面翻过来，并把衣服整理平整即可	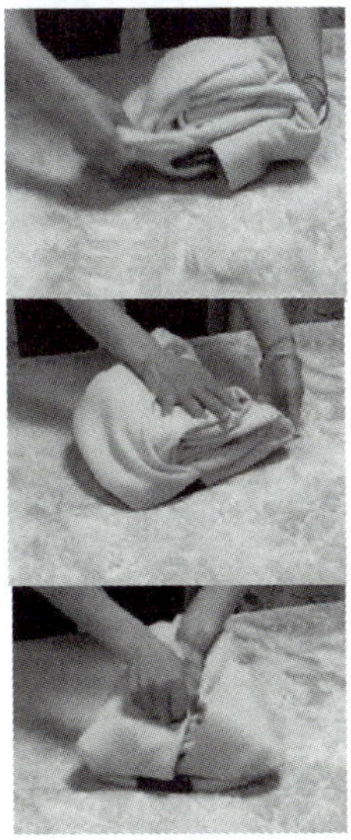

其他带帽的衣服，例如羽绒服、夹克衫、风衣等也可以参考这种方法来叠。

4. 长裤的叠法

（1）方块口袋式叠法（见表 1-10）。

表 1-10　长裤的方块口袋式叠法

步骤	操作	图示	步骤	操作	图示
步骤 1	将长裤正面朝上，平铺在台面上，抚平褶皱	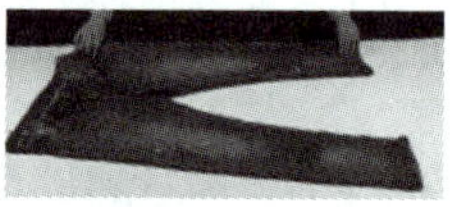	步骤 4	将裤腿向上翻折，根据需要可多次翻折，直至翻折部分可以与裤腰翻折部分重合	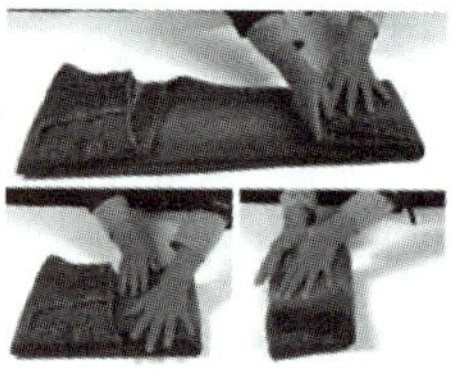
步骤 2	沿裤子中线将两个裤腿对折，将臀部多余部分向内折		步骤 5	将叠好的裤腿塞到裤腰叠成的“口袋”里	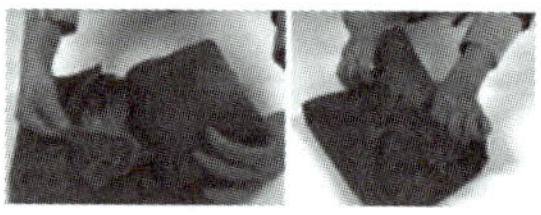
步骤 3	将裤腰向下翻折	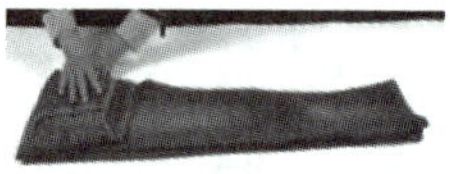	步骤 6	整理平整，这样一个方方正正的“豆腐块”就叠好了	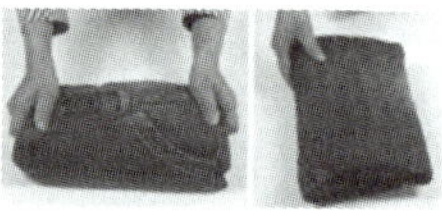

（2）卷叠口袋式叠法（见表 1-11）。

表 1-11　长裤的卷叠口袋式叠法

步骤	操作	图示
步骤 1	沿裤子中线将两个裤腿对折，抚平褶皱	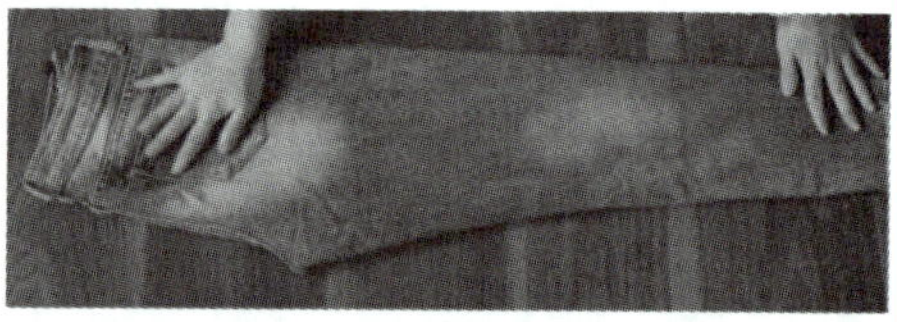
步骤 2	将一条裤腿向上对折，另一条裤腿由中间向裤子外侧沿 45°角方向折叠	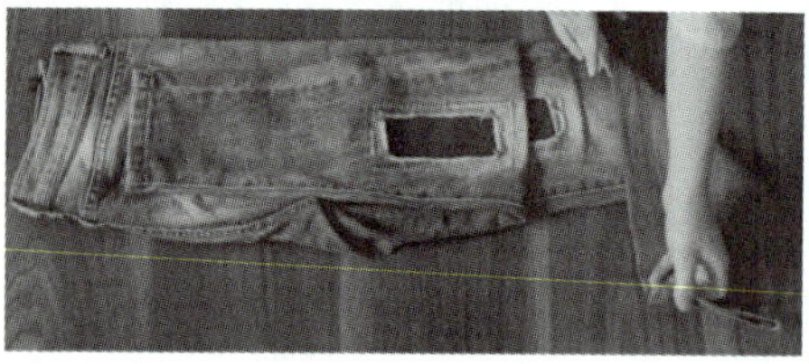

续表

步骤	操作	图示
步骤 3	将裤腰部分向下对折至 45°角折叠处	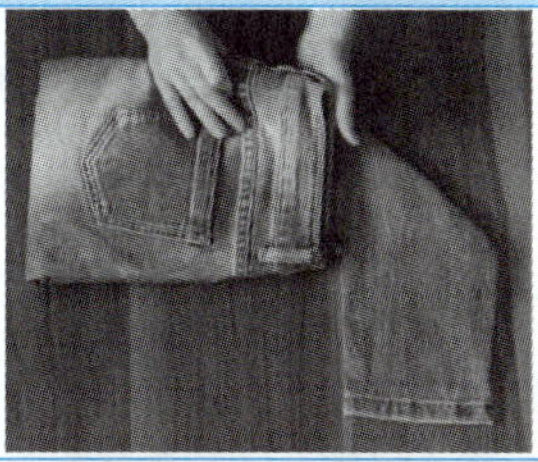
步骤 4	由步骤 3 的对折处向裤腰方向卷，一直卷到头，卷得越紧实越好	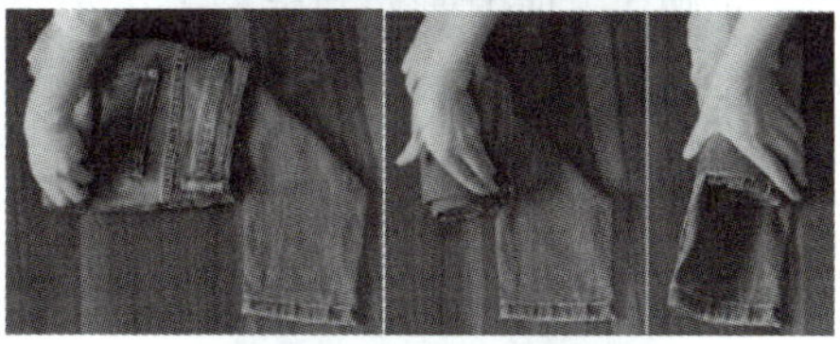
步骤 5	把留在外面的裤腿由内向外翻折，包住裤子其余部分	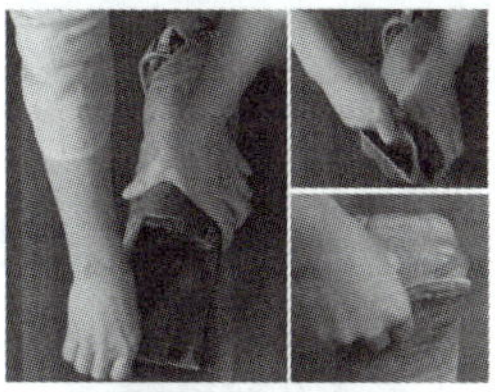
步骤 6	这样一个裤子卷就叠好了，放在抽屉或行李箱中都不占用多余空间，而且不易散	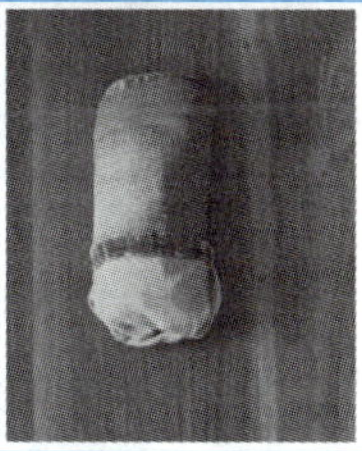

把所有的衣服都叠成小方块或者卷成直筒以后，我们只需要把它们竖放在抽屉里（见图 1-1）或者收纳盒里，然后再放到衣柜里，就可以使我们的衣柜整齐又美观，最重要的是一目了然，找衣服再也不用乱翻了。而且衣柜可以长时间保持整齐的状态，不用频繁地收拾，能够节省时间、节约精力。

图 1-1　将衣服竖放在抽屉里

当然，一些爱起褶的衣服或者正当季的常穿的衣服我们也可以用衣架把它们直接挂在衣柜的挂衣区。但是大家可能都遇到过一种情况，就是长时间挂着的衣服，尤其是毛衣、大衣等比较轻柔或比较厚重的衣服肩膀处被衣架支起了两个“大包”，这样不但影响美观，而且每次都要用熨斗熨很久才能穿。

下面教大家一个小窍门，改变挂法从而让衣服不再起“大包”（以毛衣为例，见图 1－2）。

步骤 1：把需要挂起来的毛衣先摆放整齐。

步骤 2：将毛衣沿中线把左侧与右侧对折，使衣袖重合在一块。

步骤 3：把衣架两端放在衣服肩膀和中间位置处。

步骤 4：将衣服袖子从衣架上方穿过来。

步骤 5：然后再把衣服的下半部分也从衣架上方穿过来。

步骤 6：挂好衣架，这样毛衣就不会变形，肩部也不会起“大包”了。

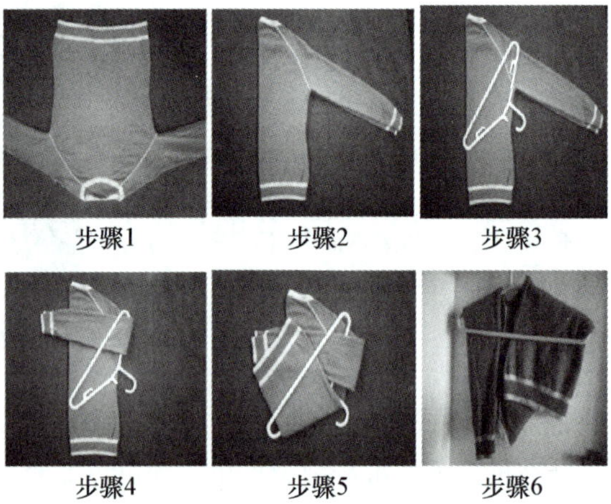

图 1－2　毛衣的挂法

拓展阅读

不同季节的衣物储存

衣物不是洗干净放起来就可以的，每个季节的衣物都有其独特的储存方式（见表 1－12）。

表 1－12　不同季节的衣物储存方式

季节	操作方法
春季	西服：西服上衣用专用挂衣架挂好，西裤沿裤线对齐倒挂起来放入柜子中用防尘罩遮好就可以了。春季常穿的一些外套不需要很特别的储存方式，可先将衣物洗净充分晾干，然后再松散地分类收入透气的储物箱（建议使用布料材质的）中，再在箱子中放入除潮包或樟脑球。

续表

季节	操作方法
夏季	不同材质的衣物存放方式也不同。夏季衣服单薄，材质更是多种多样： 真丝：洗净晒干后用防尘罩套上，悬挂存放； 棉质：棉质衣物很容易产生皱褶，应该直接将其卷起来，存放在储物箱中； 合成纤维：可以说是所有材质中最好储存的，直接洗好晾干叠好放在衣柜中即可。
秋季	牛仔服：牛仔服的储存比较特殊，就是一定要叠起来，不要悬挂储存； 皮衣：皮衣在储存之前一定要清洗干净，在表面涂抹一层牛奶晾晒一下，尽量放在不透气的袋中悬挂存放。
冬季	毛衣：毛衣在储存的时候一定不要放在衣套里面挂起来，那样毛衣只会越坠越长。毛衣应叠放整齐放在衣物储存袋中，可以和 T 恤放在一起，这样产生静电的概率也比较小。 羽绒服、大衣：先清洗干净，晾干之后悬挂在柜子中，用防尘罩遮好，在柜子中放入樟脑球，防虫防潮。这里要注意羽绒服如果长时间被重压，其弹性、保暖性都会降低。

四、简单漂亮的修补

（一）针法

做好针线活的前提是要学会常用的针法。缝制衣物常用的针法有平针法、锁边缝、藏针法、包边缝、扣眼缝、缩缝法等（见表 1－13）。

表 1－13　缝制衣物常用的针法

针法	说明	图示
平针法	这是最基础的针法，也是最常用的针法。这种针法主要用于拼接布料和缝制布料的轮廓。缝制时要注意针脚间隔均匀，间隔一般为 3mm 左右，也可根据实际情况调整	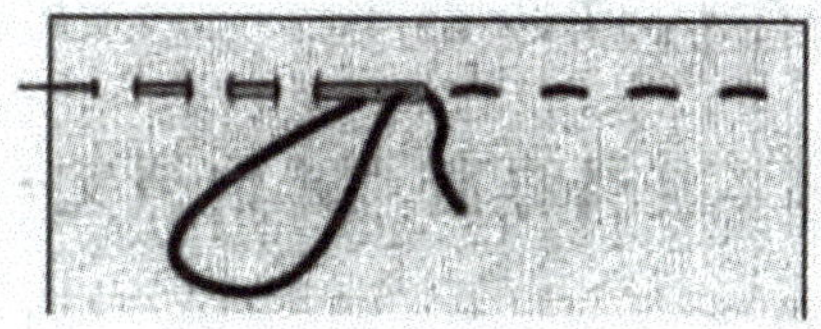
锁边缝	一般用于缝制织物的毛边，以防织物的毛边散开	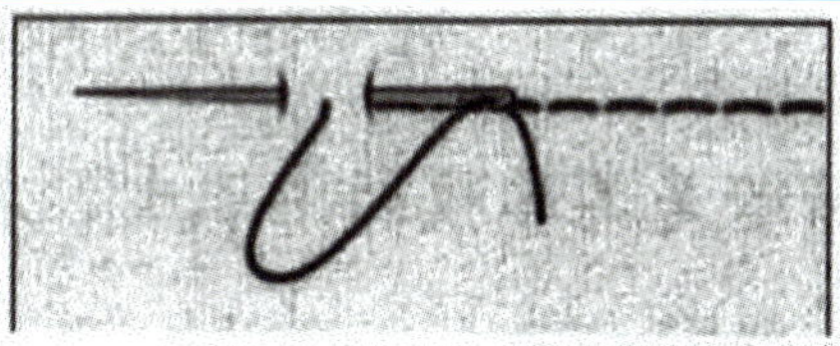
藏针法	一般用于两块布料的缝合。这是一种很实用的针法，能够有效隐匿线迹，常用于衣服上不易在反面缝合的区域	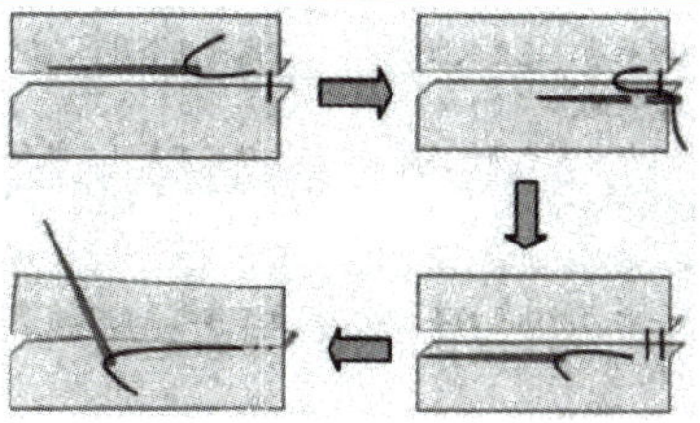

续表

针法	说明	图示
包边缝	与锁边缝的用途相同，比锁边缝的装饰性和实用性更强	
扣眼缝	与包边缝、锁边缝的用途相同，包边缝和扣眼缝比锁边缝的装饰性和实用性更强	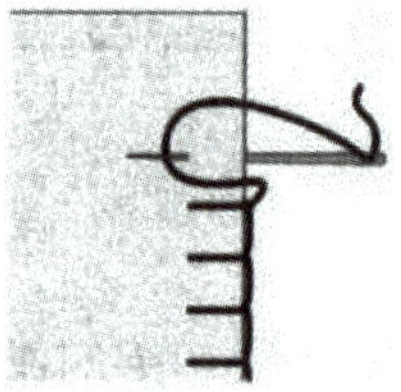
缩缝法	可以在缝制过程中拉出松紧度，一般用于缝制缩口	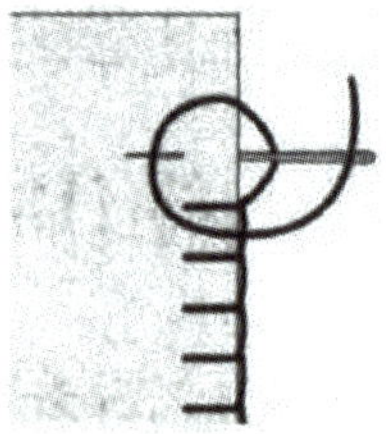

（二）修补方法

心爱的衣服破了个洞，扔了又舍不得，该怎么办呢？下面我们就来学习一下怎么修补有破洞的衣服吧。

（1）如果破洞的衣服是牛仔裤，那么，原有的破洞不但不用管它，反而可以在其他地方多弄几个破洞，把牛仔裤变成“潮裤”一条。

（2）如果衣物有破洞，可以在破洞的位置缝上一朵小花。这样既能掩盖破洞，还能把衣物改出小清新的感觉。补花修补也是常用的方法，可以根据破损部位进行创意修补，具体操作如图 1－3 所示。

（3）如果衣物破的洞比较大，根本不是缝一朵花就能解决的，那可以直接找一块其他颜色的布打个补丁上去。如果一个补丁太突兀，那就在其他地方多打几个，就当是自己设计的，显得更时尚。

（4）衣服有破洞，除了缝小花之外，还可以直接扣一个胸针上去，既个性又方便，而且随时可以拆下来换其他样式的饰品上去。

图 1－3　补花修补法

（5）磨损修补法一般应用于袖口、裤腿磨出毛边的部位（见图 1－4）。

图 1－4　磨损修补法

实践活动

衣物整理

在整理衣服之前，我们要先对衣服做一个“断舍离”，给衣柜“瘦瘦身”。先把我们不需要的、不喜欢的、尺码不合适的、样式过时的、破旧污损的衣服扔掉、送人或者捐出去，然后再按照上面所学的方法对我们喜欢的衣服进行整理吧！

【结果评价】

根据表 1－14 对衣物整理情况进行评价。

表 1－14　评价表

操作内容		配分	评分内容及评分标准	自我评价	教师/同学/家长评价
上衣折叠	方块口袋法	25 分	衣服铺平，摆放方向正确（5 分）		
			衣服侧面折叠大小合适（5 分）		
			下摆翻折大小合适（5 分）		
			“口袋”选择正确（5 分）		
			整理后方正、平整（5 分）		
	卷叠口袋法	25 分	衣服铺平，摆放方向正确（5 分）		
			下摆翻折大小合适（5 分）		
			衣服卷叠紧实（5 分）		
			“口袋”大小合适（5 分）		
			整理后平整（5 分）		

续表

<table>
<tr><th colspan="2">操作内容</th><th>配分</th><th>评分内容及评分标准</th><th>自我评价</th><th>教师/同学/家长评价</th></tr>
<tr><td rowspan="8">裤子折叠</td><td rowspan="4">方块口袋法</td><td rowspan="4">20 分</td><td>裤子铺平，摆放方向正确（5 分）</td><td></td><td rowspan="10"></td></tr>
<tr><td>裤脚向上折叠大小合适（5 分）</td><td></td></tr>
<tr><td>“口袋”大小合适（5 分）</td><td></td></tr>
<tr><td>整理后方正、平整（5 分）</td><td></td></tr>
<tr><td rowspan="4">卷叠口袋法</td><td rowspan="4">20 分</td><td>裤子铺平，摆放方向正确（5 分）</td><td></td></tr>
<tr><td>裤腿折叠角度正确（5 分）</td><td></td></tr>
<tr><td>裤子卷叠紧实（5 分）</td><td></td></tr>
<tr><td>裤腿翻折包裹平整、紧实（5 分）</td><td></td></tr>
<tr><td colspan="2">习惯养成</td><td>10 分</td><td>能做到叠衣日常化（10 分）</td><td></td></tr>
<tr><td colspan="3">总计</td><td>100 分</td><td></td></tr>
</table>

第二节　食之有味

一、饮食营养与健康

烹饪不仅应关注美味，更应该做到营养均衡。均衡的膳食、合理的营养搭配不仅可以满足人体正常生理功能的需要，还可以提高机体的免疫力，有利于预防和控制某些疾病的发生与发展。

根据中国营养学会编制的《中国居民膳食指南》，一般人群的膳食应遵循以下六个原则：食物多样，谷类为主；吃动平衡，健康体重；多吃蔬果、奶类、大豆；适量吃鱼、禽、蛋、瘦肉；少盐少油，控糖限酒；杜绝浪费，兴新食尚。

拓展阅读

正确的洗菜方法

1. 淘米水清洗

淘米水家家户户都有，弱碱性的淘米水是有机磷农药的克星，将蔬菜在淘米水中浸泡 10 分钟左右，再用清水洗净，可有效降低蔬菜中有机磷的含量。

2. 开水烫菜

在烹饪青椒、菜花、豆角、芹菜等菜时，下锅前最好先用开水将这些菜烫一下，这样可清除 90%的残留农药。

3. 日光照射

阳光照射可使蔬菜中部分残留农药被分解、破坏。据测定，蔬菜、水果在阳光下照射5分钟，有机氯、有机汞农药的残留量会减少60%。方便储存的蔬菜，应先在室温下放置一段时间，可有效减少残留的化学农药，保障我们的食用安全。

二、烹饪基础

中餐可以称得上是烹调方法最多的一种菜系，每一种做法都有其特别之处，无论是所用厨具还是烹出美食的样式，都能让人眼前一亮。下面就介绍六种常用的烹饪方法（见表1-15）。

表1-15 常用的烹饪方法

烹饪方法	要点说明
炒	炒是最基本的烹饪技法，其原料一般是片、丝、丁、条、块。炒时要用旺火，要热锅热油，所用底油多少随料而定。依照材料、火候、油温高低的不同，炒可分为生炒、滑炒、熟炒及干炒等方法
爆	爆就是急、速、烈的意思。爆法加热时间极短，烹制出的菜肴脆嫩鲜爽，主要用于烹制脆性、韧性原料，如肚子、鸡肫、鸭肫、鸡鸭肉、瘦猪肉、牛羊肉等。常用的爆法主要有：油爆、芫爆、葱爆、酱爆等
熘	熘是用旺火急速烹调的一种方法。熘法一般是先将原料油炸或开水氽熟后，另起油锅调制卤汁（卤汁也有不经过油制而以汤汁调制而成的），然后将处理好的原料放入调好的卤汁中搅拌或将卤汁浇淋于处理好的原料表面
炸	炸是一种旺火、多油、无汁的烹调方法。炸有很多种，如清炸、干炸、软炸、酥炸、面包渣炸、纸包炸、脆炸、油浸、油淋等
烹	烹分为两种：以鸡、鸭、鱼、虾、肉类为主料的烹；以蔬菜为主料的烹。以肉为主的烹，一般是把挂糊的或不挂糊的片、丝、块、段用旺火先炸一遍，锅中留少许底油置于旺火上，将炸好的主料放入，然后加入单一的调味品（不用淀粉），或加入多种调味品兑成的芡汁（用淀粉），快速翻炒即成。以蔬菜为主料的烹，可把主料直接用来烹炒，也可把主料用开水烫过后再烹炒
煎	煎是先把锅烧热，用少量的油刷一下锅底，然后把加工成形（一般为扁形）的原料放入锅中，用少量的油煎熟的一种烹饪方法。一般是先煎一面，再煎另一面，煎时要不停地晃动锅子，使原料受热均匀，色泽一致

三、烹饪安全

见表1-16。

表1-16 烹饪安全

	注意说明
用火安全	烹饪过程中不要远离厨房，以防汤水溢出浇灭燃气灶火苗造成燃气泄漏事故
	厨房内禁止存放酒精、汽油等易燃危险物品，以免引起意外失火
	保持燃气灶周围空气流通
	若闻到煤气味，怀疑燃气泄漏的话，应立即关闭燃气阀门和附近的火源，同时打开门窗进行通风，注意不要开关任何电器，包括手机。若煤气味强烈，则应立即外出打电话报警，并通知邻居疏散

续表

	注意说明
用电安全	湿手不得接触电器及电器装置，以防触电
	电器用完后应关掉开关并拔下插头，防止电器因长时间通电而损坏
烹饪工具使用安全	玻璃器皿、瓷器不能摆放在台面边缘，以免摔破伤人
	在使用刀具前，应检查其是否存在裂纹、松柄、锈蚀等现象，避免在使用过程中发生意外
	刀具在使用完后应插入刀套或刀架内，不得放在操作台边缘及过高处，以免坠落伤人
其他事项	烧制饭菜时，锅内的液体不宜过多，以免溢出引发意外
	在拿刚蒸好或烤好的食物时，应戴隔热手套，没有隔热手套的，可用毛巾代替
	为减少烹饪过程中高温油飞溅，应提前滤干食材的水分

实践活动

秘制私房菜的做法（一冷一热）

1. 可乐鸡翅

可乐鸡翅，以鸡翅和可乐为主料制作而成，味道鲜美，色泽艳丽，鸡翅嫩滑，咸甜适中，又保留了可乐的香气，深受大众喜欢。

(1) 材料：鸡翅中适量、可乐一听、八角、姜、葱、酱油、芝麻。

(2) 步骤：详见表 1－17。

表 1－17　可乐鸡翅的烹饪步骤

步骤说明	图示
鸡翅洗净，入葱姜水中煮沸捞出，沥干水分	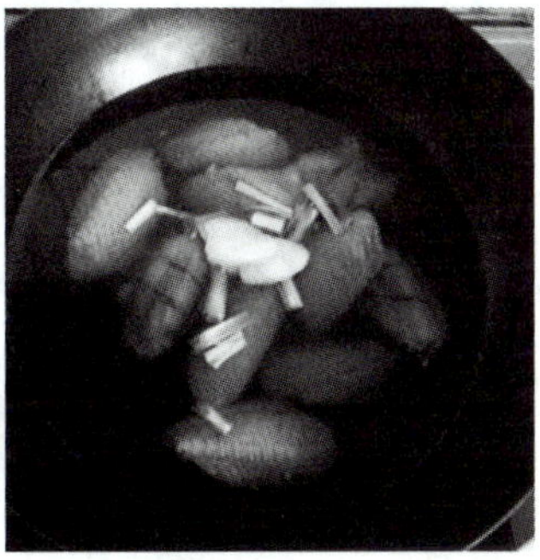

续表

步骤说明	图示
锅内放少许油烧热，放入鸡翅，煎至外皮两面泛黄	
倒入可乐没过鸡翅即可	
加入酱油、八角、葱段、姜片，大火烧开后转小火	
炖至汤汁浓稠即可	
摆盘，撒上葱碎、芝麻	

2. 凉拌三丝

(1) 材料：金针菇、黄瓜、胡萝卜、盐、香油、芥末油、老抽、海鲜酱油、醋、鸡精、芝麻。

(2) 步骤：

1) 把黄瓜和胡萝卜擦成丝，金针菇撕成一根一根。

2) 将金针菇在开水里焯一下。

3) 将金针菇从锅里捞出放在凉水里泡一会儿，再把水挤掉，和黄瓜、胡萝卜丝一起放入盆里，加入盐、香油、芥末油、老抽、海鲜酱油、醋、鸡精、芝麻调拌后即可食用。

【结果评价】

根据表 1－18 对一冷一热秘制私房菜的烹调情况进行评价。

表 1－18　评价表

操作内容	配分	评分内容及评分标准	自我评价	教师/同学/家长评价
材料准备	20 分	鸡翅中、可乐一听、八角、姜、葱、酱油、芝麻（10 分）		
		金针菇、黄瓜、胡萝卜、盐、香油、芥末油、老抽、海鲜酱油、醋、鸡精、芝麻（10 分）		
改刀准备	20 分	葱切段切碎，姜切片（5 分）		
		黄瓜和胡萝卜丝的粗细（10 分）		
		金针菇撕成一根一根（5 分）		
可乐鸡翅	30 分	翅中焯水（5 分）		
		翅中煎至半熟（5 分）		
		加料，加适当可乐（5 分）		
		收汁黏稠（5 分）		
		摆盘（5 分）		
		色泽（5 分）		
凉拌三丝	30 分	金针菇焯水（5 分）		
		金针菇脱水（5 分）		
		加料搅拌（10 分）		
		口感（10 分）		
总计		100 分		

第三节 物品整理

一、物品整理的基本要求

家居环境、寝室布置与大学生日常的学习、生活息息相关，其中物品的整理陈设直接体现了当代大学生的精神面貌和个人素质。在校园生活中，我们首先应做好自己寝室的物品整理。新时代大学生应将维护整洁文明的寝室环境、保持个人与寝室物品的规整和美观内化为自觉追求，外化为自觉行动。

今天我们对“物品整理”的理解已不再停留于将东西整理、收藏好，还包括让放置好的物品能够被轻松取出、轻松放回、轻松打扫，这样我们的日常整理才会形成有效的良性循环。比起动辄来一场“乾坤大挪移”，有效的整理方法更容易保持家居、寝室的整洁环境。因此，物品整理要达到“好收好拿好放回”的目标，在日常生活中我们要努力养成“随用随拿随放回”的良好习惯。

“好收好拿好放回”，即做好物品分类，按照使用人、使用场所和使用习惯对物品进行归类整理，谁的物品就放在谁的地盘，物品使用后随手放回。这样能有效保持家居、寝室的整洁持久度。而“随用随拿随放回”的生活习惯既方便物品使用，也便于日常整理。这两项物品整理的要求应成为我们当代大学生在家居、寝室生活中的良好素养之一。

二、寝室物品整理

（一）物品整理的方法

在高校文明寝室建设的大背景下，我们应大力提倡与推广科学的整理理念与方法，改变过去物品整理就是“清扫、打扫”的错误观念，把物品整理作为一种合理有效利用空间、方便物品取用的生活习惯，同时也作为一种美化寝室环境、提升生活质量与幸福感的方式。下面为大家介绍一套科学系统的物品整理方法，即“设定理想目标—舍弃—收纳整理—美化装饰—状态保持”。

1. 设定理想目标

以“做一次整理，不再回到原来的混乱状态”为目标进行彻底整理。尝试以下准备：给凌乱的寝室一角拍照，发给亲人朋友，激励自己努力整理（通过照片你会发现寝室比你看到的更加凌乱）；进行物品分类时要按类别，而不是按“场所”整理；学会列清单，做“整理笔记”能让整个整理工作更有条理，也能让我们获得成就感等。

2. 舍弃

我们需要保留那些比较稀有的物品（难买到又无法替代的），或者具有信息价值（有用）、情感价值（有回忆）以及起码具有功能价值（能使用）的物品，丢弃、转卖或捐赠已经完成本身使命的物品。

3. 收纳整理

首先要设置好物品固定的存放位置，以“好收好拿好放回”为原则（如常用的在外，不常用的在内），通过折叠、集中、直立、四方形摆放等方式，做到九分收纳，切忌“过度划分”，并学会借用一些整理工具，如收纳盒、S形衣撑等。

4. 美化装饰

对寝室进行美化和装饰，打造兼具寝室文化与个性特色的温馨、绿色的家居环境。

5. 状态保持

固定好所有物品的位置，用完不可乱放，养成“随用随拿随放回”的生活习惯；理智购物，对新买物品立刻拆封进行收纳等。

结合当代大学生寝室的情况，可参考图 1－5 所示的寝室整理收纳步骤进行物品的整理。

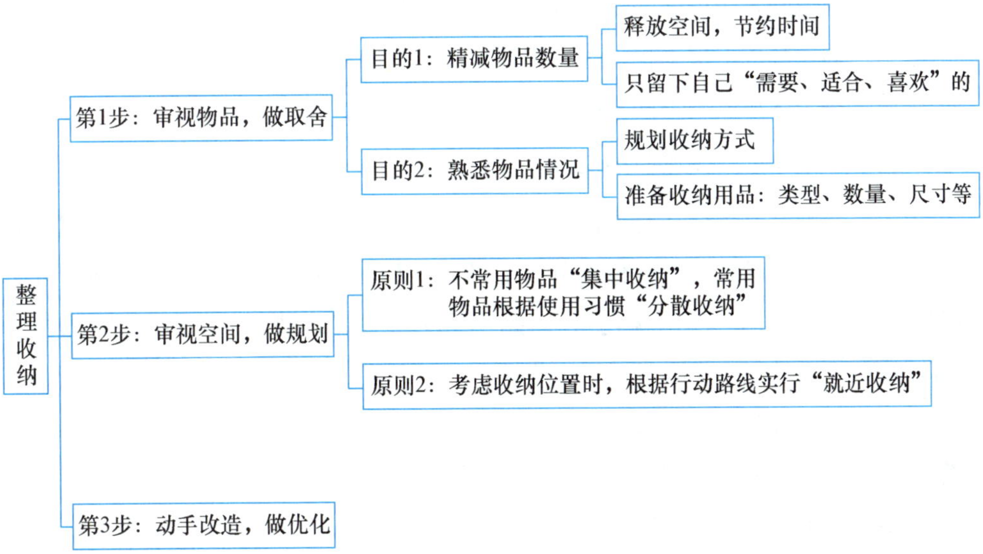

图 1－5　寝室整理收纳步骤

（二）物品整理的收纳技能

寝室是集体生活、学习的公共居所，如果不注意及时整理，很容易就会陷入混乱的糟糕状态，究其原因，是寝室空间小、功能多，要实现供同学们睡觉、学习、洗漱、衣物收纳、沟通交流甚至进行简单的锻炼等多种功能，每个人可以利用的空间有限。因此，寝室物品的整理收纳是当代大学生必备的生活技能之一。

1. 不做整理，请勿收纳

“整理”，并不是把东西归拢到一起“摆摆整齐”或者“塞进柜子”，此举治标不治本。真正有效的“整理”，应该思考物品和自己的关系，决定保留还是丢弃它，经过彻底整理后，要对寝室物品的种类和数量做到心中有数，然后进行合理收纳，这样才能治本。

2. 多利用垂直纵向空间，立体收纳

寝室是一个使用频率非常高的场所，所以能否根据自己的使用习惯进行合理规划显得非常重要。上床下桌的寝室，其桌面和书柜的整理收纳要根据使用人的生活习惯来进行，具体步骤如下：

第 1 步：先整理取舍，把桌面和柜子上的所有物品清空，然后粗略分成四大类，即学习用品、生活用品、小零食和装饰品。

第 2 步：做分区收纳，把寝室桌面书柜区域分成水平面和垂直面两个维度。在水平面上，按照方便原则，用得多的物品放得近，用得少的放得远。在垂直面上，按照寝室家具的原本格局，分成上层书柜、中层桌面、墙面及抽屉与下层柜子。每个维度再细分成三个区域，每个区域收纳不同的物品。

3. 巧用收纳用具，合理归纳顺序

很多人，特别是女生往往有这样的困惑：化妆品放桌上不好看，放抽屉里使用时又不方便拿。其实，整理收纳不是做给外人看的，所谓的“好看”，应是在“顺应自己使用习惯”的基础上做的“颜值优化”。因此，要注意一些收纳用品的选择及摆放技巧。我们可以按照下面的三个步骤尝试进行收纳：

第 1 步：瓶瓶罐罐按照“大、中、小”分成三类；

第 2 步：大的长的靠里放，小的放在最前面；

第 3 步：每类物品中，再按照用途把相近的摆在一起。

这样摆完之后，高低错落有致，不仅视觉上更舒服，找起来也比较方便。

收纳用具（如图 1－6 所示）首选材质、颜色统一，外观方正、规整，且挺括有形者，一来整体视觉上清爽整洁，二来可进行组合堆叠，充分利用空间。

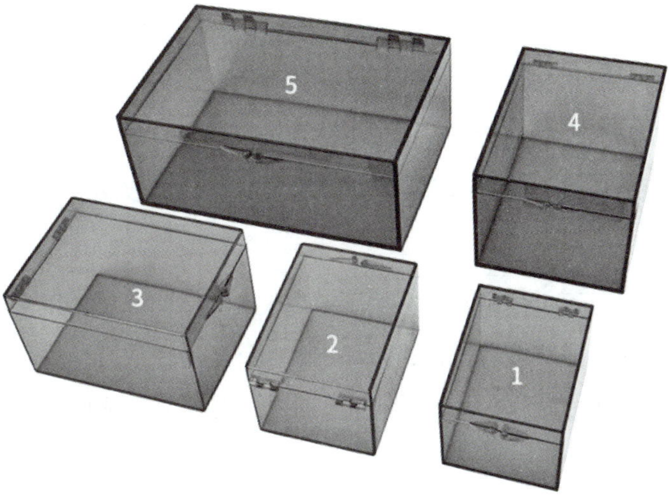

图 1-6　收纳用具

另外，还需要注意一点：越简单的收纳用具，使用范围越广。

4. 用色彩装点，营造寝室氛围

色彩是影响视觉传达信息的一个重要因素，它能表达情感，给人们带来不同的情绪、精神以及行动反映。康定斯基指出：色彩直接影响着精神，色彩和谐统一的关键在于对人类有目的的启示和激发。色彩心理学的研究也表明，宁静平和的蓝色、绿色系，能给我们营造一个安静轻松的寝室氛围。

运用色彩心理学的知识选择合适的窗帘和床帘，把规整的寝室变成各有特色的温馨小窝吧（见图 1-7）！

图 1-7　运用色彩心理学设计的床帘

三、家居物品整理

（一）卧室的收纳

卧室，是家中最重要的地方，一间温馨舒适的卧室能够极大地慰藉疲惫的身体和心灵。卧室不但承担着供主人休息睡眠的功能，还是家居物品收纳的重要场所。

1. 利用床底收纳

床作为卧室里必不可少的家具，占据了室内很大的空间，单纯用来睡觉就有些浪费了。如果家里的床是抽屉式或者掀板式，那正好是一个可以放置换季衣物与鲜少使用物品的完美地点。如果卧室是榻榻米设计，则更能极大地扩展家庭收纳空间。

2. 利用床头柜收纳

普通的床头小柜可以收纳很多东西；如果我们提前把床头设计为内嵌式，那也是一个不错的选择。床头是离床最近的位置，我们可以把睡前看的书或者杂志放在上面，或者把一些常用的生活用品放在上面。

3. 利用收纳袋收纳

比较大的被褥、羽绒服等物品是很占用空间的，用真空收纳袋一般情况下可以将这些物品缩小至原大小的三分之一，用的时候在阳光下晒一晒是完全可以恢复原状的。

4. 利用墙面收纳

小卧室放太多柜子会让人有压迫感，可选择壁柜或者在墙面上打上架子或者隔板进行物品收纳，还可以作为个性化装饰。

5. 利用衣柜收纳

衣柜是家里的收藏空间中容量最大的，我们如果一口气塞很多东西进去，就会慢慢忘记放在下面和里面的东西究竟是什么，如果衣柜太深了而且没有架子和间隔，收拾小的东西就会不方便。对于衣柜收纳，我们可以采取上中下的原则：

上：很难存取的地方。可以放大箱子和棉被。前面有把手的收纳箱很方便，可以放置一些根据季节变化使用的东西和不常用的旧东西，但是不能放重的东西。

中：存取最轻松的黄金区域。可以收纳日常常用的东西。收纳衣服可以使用抽屉和衣架。如果仅仅放被子可以把大收纳箱放在下面，有效利用空间。里面的位置看不见，但是比较容易够得着，可以用架子隔开，收纳衣服和包等。

下：存取比较方便的地方。可以放一些经常使用的东西，如衣服、熨斗、孩子的玩具等。可以使用衣架、专用的架子、抽屉、柜子等进行收纳。里面可以放家电等不常使用的东西，但是要注意防潮。

（二）客厅的收纳

客厅是家庭居住环境中最大的生活空间，对外招待朋友，是一个家的门面；对内是家庭成员交流、活动的中心，属于家庭中的“公共场所”，容纳了全家人将近70%的公共物品。对于空间关系最复杂的客厅，应如何整理收纳呢？

1. 首先需要规划客厅的储物空间

在空间有限、物品又特别多的情况下有两种做法，一是可以增加背景墙储物区；二是考虑购买带有储物功能的茶几、角几，提前做好规划，再根据现有物品量和未来3～5年预计会增加的不同类物品来定制储物柜。

2. 遵守露少藏多原则

露少藏多原则，就是说客厅台面除了部分装饰品外，没有杂物。墙面装饰、背景墙设计也一样，简单即可，东西裸露太多，或者装饰太花哨，会造成视觉疲劳，不易集中注意力，在这样的环境中长大的孩子还会缺乏专注力。现在很多设计为了创造立面收纳空间，把电视或沙发背景墙做成可收纳的层板和柜子，这种情况也是建议只裸露极少部分做点缀，其他收纳空间最好做成带门封闭式的，这样既满足收纳需求，又能达到整体简洁干净的视觉效果。

3. 遵守就近原则

一个物品一般在哪个环境里使用，就集中收纳到哪里。

玄关一般收纳一些出入门随手携带或放置的物品，比如购物袋，出门买东西如果忘记带的话返回来拿时直接在门口就可以拿到了，而不用换拖鞋走进屋去拿。养宠物的家庭可以把遛狗绳和狗链子收纳到玄关抽屉里，出门时随手就可以拿到给狗套上。粘毛器、折叠雨伞、车钥匙、钥匙包、剪刀（收到快递和信件时马上就能拿到）等都可以收纳到玄关这里，可以先将这些物品分类再收纳到收纳盒或抽屉分隔盒中。很多家庭玄关和鞋柜是一体的设计，这时鞋油、鞋刷这些物品也可以放置在玄关处。对于鞋柜来讲，每一个层板的高度要特别定制，并做成可活动的层板。

电视柜可收纳数据线、3D眼镜、遥控器（空调、灯、风扇等）、备用电池、针线盒、指甲钳、各种家电说明书等，收纳方法还是利用收纳盒，分类收纳再放进电视柜。电视柜整理收纳的一大痛点就是连接机顶盒、路由器的这些数据线该怎么放置，露在外面不美观，把每一根线卷得再整齐，那么多条线还是乱，其实可以使用专门收纳数据线的盒子，把线、路由器、机顶盒全部收纳到盒子里，既不耽误我们正常使用，整体看起来还整洁美观。

茶几台面可以收纳遥控器，喜欢喝茶的家庭，如果茶具和整体装修风格很搭的话，可以将茶台长期摆放在茶几上，这样茶几下方的收纳空间还可以收纳一些茶具、茶托、茶叶等。

（三）餐厅的收纳

餐厅也是家里很重要的一个功能空间，但是随着居住时间越来越久我们会发现，原本宽敞整洁的餐厅慢慢堆满了各种杂物，使得这个空间显得杂乱无章。接下来我们就一起学习一下餐厅的收纳技巧。

餐桌上的物品所占比率不要超过桌子面积的20%，不然就会显得凌乱，甚至影响正常生活，桌面上可放置1～2件起展示功能的物品，以及使用频率极高的物品，并且尽量采用集中收纳的方式，比如采用带把手的藤编筐收纳一下杂物。

我们常说“没有空间就创造空间”，家中有一些不起眼的角落，只要借助一些工具就能创造出很大的收纳空间。比如餐边柜，它应该是餐厅的收纳主力，不仅能增加收纳空间，还有一定的展示空间，甚至厨房放不下的电饭煲、烧水壶等小电器也能放在这里。

如果没有充足的空间也可以试试在墙上安几块隔板，隔板特别适合摆放好看的餐具、罐装的五谷杂粮或是调味料等物品，做收纳的同时还能起装饰作用。不想打孔的话，多层桌面置物架也可以充当隔板的角色。

（四）卫生间的收纳

卫生间里有很多洗涤剂、毛巾等小东西，收拾起来很麻烦，而且也不容易摆放整齐。既要方便使用又要整洁，应该怎么整理呢？

1. 洗衣机周围的收纳要点

洗衣机周围本来就很狭窄但是东西却很多，要确保收纳的空间，必须好好整理零碎的小杂物，架子是必需的，最少也要两层或三层，上面可以摆放毛巾、亚麻布之类的物品，下面（视线高度）可以摆放衣架和洗涤剂等东西。洗衣机的旁边也可以放置一些小盒子，用来装瓶状的洗涤液之类的物品。

2. 马桶周围的收纳要点

马桶周围是最容易脏的地方，所以更需要清洁。如果没有固定的架子也可以在靠近天花板的地方设置专用的架子，用来存放卫生纸等物品。像卫生用品、卫生纸等物品可以用收纳箱摆放整齐。

3. 洗脸台的收纳要点

洗脸台使用频率很高，上面摆放着肥皂、化妆品、牙刷牙膏、美发用品等，因为有很多小东西，所以更要好好利用狭窄的空间进行整理。在买浴室柜的时候可以选择镜子后面带收纳柜的镜柜，把不常用的物品（例如家里囤的牙膏、牙刷、化妆品等）放在柜子里，而每天都要使用的肥皂、化妆品、牙刷牙膏等都放在容易拿取的位置。洗脸台下面可以避开水管，摆放牙膏、美发用品、洗发水、沐浴液、洗涤剂等存货和清洁用品。在淋浴喷头的墙角上也可以安装多层角架，放洗发水、沐浴液等，取用方便又整洁大方。

四、寝室生活整理

（一）床位整理

对于住校生来说，寝室的床位整理是日常生活中的一项重要内容，同时也是班级量化评比的一项重要考核内容。床位整理的步骤详见表 1-19。

表 1-19　床位整理的步骤

项目	步骤	图示
叠被子	被子打开压平以后，将被子宽边的 1/3 沿着长边的平行线折叠	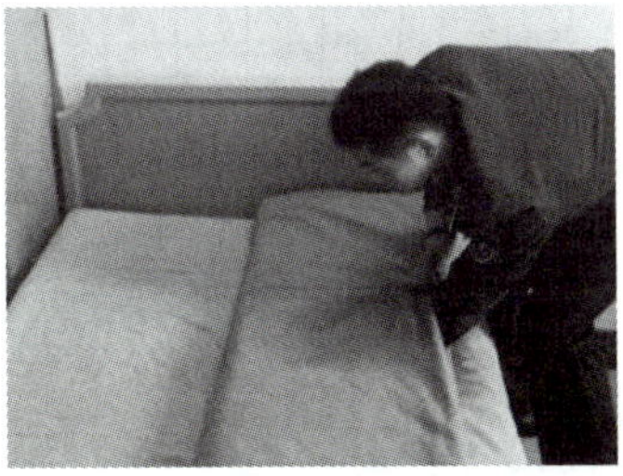
	将折叠好的被子理平压实，然后将被子另一面折叠过来，把手放在被子内压实，不要让折叠处出现凹凸	
	估测一下被子总长度，在被子中间预留 20cm 做拱形，再分别从两边大概 1/4 处取 10cm，做成两个拱形。估测位置，将一端的拱形用双手压出条印	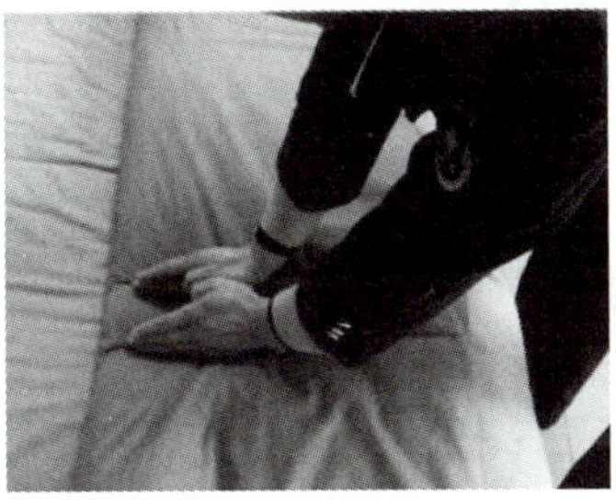

续表

项目	步骤	图示
叠被子	顺着一端的条印用手捏起来，把拱形捏得更明显，之后把被子折叠过去，折叠好后进行修边，用拇指和食指捏住，另外三指压在被子上面，把直角边线修出来	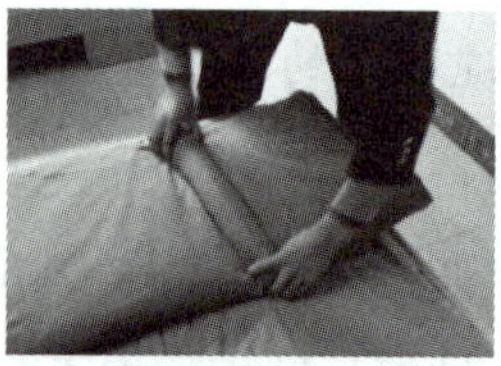
	折叠被子另一端，用同样的方法把内边修一下，然后把上边线修成直角	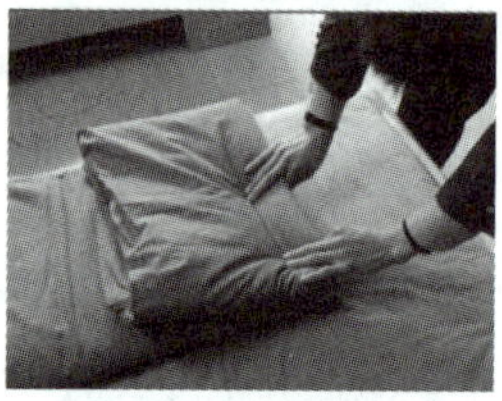
	直角修好后，双手在被子中间用刚才同样的手法捏出拱形，中间的拱形要深一些，然后双手一上一下把被子快速叠过去。通常将被子双层面整齐的一端靠门方向摆放	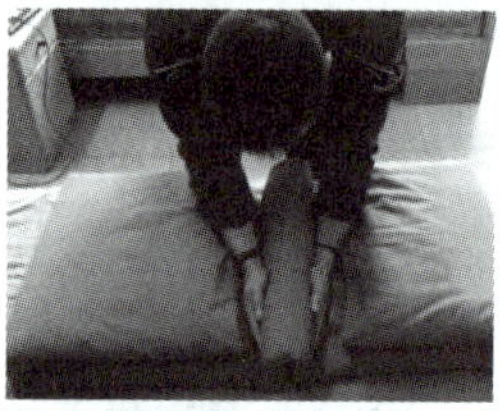
	将被子放在床中间，用手指压住边线，沿着一端拉直，把褶皱拉平，最后用手修整被子的边角，使它更像一个“豆腐块”	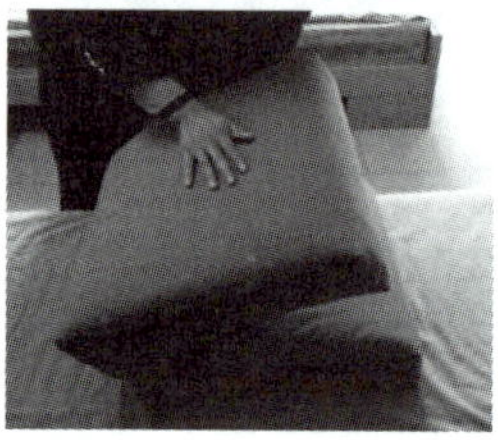
整理床单与摆放枕头	寝室最好选择统一的被罩和床单，在图案上，建议选择线条型图案，使视觉效果更加协调，整体效果更加规整	
	叠好的被子开口朝门放置，朝外的侧边离床沿 20cm、背面离床头 20cm，枕头摆放在另一端适中位置，也可平放在被子上，四角拉平。将床单抚平，床单外边不能超出床外边缘；垫被、草席以不露出床单为标准。床上无杂物	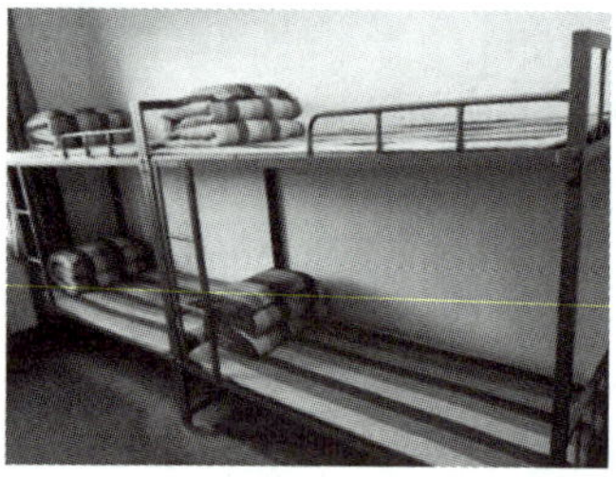

续表

项目	步骤	图示
整理床下物品	床下一般摆放鞋子，要摆放整齐，分类放置，鞋跟向外，呈一条直线	

（二）物品摆放规范

见表 1-20。

表 1-20　物品摆放规范

项目	细则
整体布局	要求整洁、美观。床铺、书桌、个人物品等要统一摆放整齐，无乱拉绳索、电线，乱晾挂衣服及其他破坏整体形象的现象，坚决不使用大功率电器等违禁物品
床铺	床上用品经常清洗，保持干净、卫生、整洁
	平时被褥叠放整齐。被子叠成方块形，枕头平整摆放，床单平整，床单外侧统一折放在褥子下面
	床上、床头不得悬挂衣服、摆放书籍，毛绒玩具尽量收进衣柜，多余的统一放在被子与墙壁之间的空隙中，摆放整齐
	靠床墙面如张贴海报、照片等物品，内容应积极健康并保持整洁美观
书桌	书桌摆放整齐，保持整洁美观
	书籍按照大小竖排整齐放于书架中，少量常用书籍可整齐放在桌面上
	书桌上若需放置电脑，须保持电脑清洁，电源线等束放整齐
	个人化妆品、小装饰品等物品集中放入收纳箱
	椅子不用时推进书桌下
衣柜	衣服要内外有别，整齐叠放在衣柜里；衣柜外勿悬挂毛巾、衣服、背包等物品
行李箱	个人行李箱可放在床头与靠过道墙壁的夹缝中，摆放整齐
鞋子	鞋子整齐摆放在床下，也可统一摆放于鞋柜中
清扫工具	笤帚、簸箕、拖把等工具整齐放于阳台，垃圾桶需套上垃圾袋并及时清理
个人洗漱用品	统一摆放于阳台

拓展阅读

寝室保持整洁的诀窍

(1) 把常用的东西摆在显眼易拿的地方，避免在使用时乱翻（放得显眼不代表放得乱糟糟的）。

(2) 尽可能少放装饰品，节省空间，尤其不要把零碎的小饰品摆在桌上。

(3) 使用过的东西一定要归位，你的桌子就是在一件件乱放的东西中变得越来越乱的，要知道一次“举手之劳”可以避免之后的“大动干戈”。

(4) 把东西分门别类放在不同区域，最好有一个固定位置，这样取用都十分方便。

(5) 把重要的又容易随手乱放的东西放在一个固定的位置，养成这个习惯，以后你需要什么东西时就可以不假思索地拿出来了。

实践活动

寝室床铺整理

百闻不如一“践”，回到寝室或者自己家里的房间，开始整理训练吧!

【结果评价】

根据表 1-21 对此次床铺整理活动进行评价。

表 1-21　评价表

操作内容	配分	评分内容及评分标准	自我评价	教师/同学/家长评价
习惯与态度	20 分	能够每天整理内务（10 分）		
		能够做到认真细致（10 分）		
叠被子	40 分	顺序正确（10 分）		
		操作规范（10 分）		
		操作娴熟（10 分）		
		欣赏评价（10 分）		
床单整理	30 分	床面平整（10 分）		
		床单位置合理（10 分）		
		床单边角平直（10 分）		
物品摆放	10 分	床位物品摆放整齐（10 分）		
总计		100 分		

第二章　生态文明

第一节　环境保护

地球是全人类赖以生存的唯一家园，我们要像保护自己的眼睛一样保护生态环境，像珍视生命一样珍视生态环境，同筑生态文明之基，同走绿色发展之路！

建设美丽家园是人类的共同梦想，我们应该携手合作。面对生态环境挑战，人类是一荣俱荣、一损俱损的命运共同体，没有哪个国家能独善其身。唯有携手合作，我们才能有效应对气候变化、海洋污染、生物保护等全球性环境问题，实现联合国2030年可持续发展目标。只有并肩同行，才能让绿色发展理念深入人心、全球生态文明之路行稳致远。

人与自然和谐相处是人类社会生存和发展的永恒命题。随着工业革命的推进，人类掠夺自然资源的程度不断加深，环境问题不断显现，威胁着人类的居住条件和生存空间。党的十八大以来，党中央、国务院高度重视生态文明建设，先后出台了一系列重大决策部署，推动生态文明建设取得了重大进展和积极成效。生态文明建设是中国特色社会主义事业的重要内容，关系人民福祉，关乎民族未来，事关"两个一百年"奋斗目标和中华民族伟大复兴中国梦的实现。本节将从常见的环境问题入手，介绍大学生践行绿色生活以及绿色校园理念的志愿活动。

一、环境保护概述

环境（environment）是指人类生存的空间及其中可以直接或间接影响人类生活和发展的各种自然因素。《中华人民共和国环境保护法》对环境的定义为：影响人类生存和发展的各种天然的和经过人工改造的自然因素的总体，包括大气、水、海洋、土地、矿藏、森林、草原、野生生物、自然遗迹、人文遗迹、自然保护区、风景名胜区、城市和乡村等。环境既包括以空气、水、土地、植物、动物等为内容的物质因素，也包括以观念、制度、行为准则等为内容的非物质因素；既包括自然因素，也包括社会因素；既包括非生命体形式，也包括生命体形式。按照环境的属性，通常可将其分为未经人的加工和改造的自然环境（natural environment）、在自然环境的基础上经过人的加工和改造的人工环境（artificial environment）以及由人与人之间各种社会关系所形成的社会环境（social environment）。一般而言，环境保护的对象是指未经加工的、天然的、人类赖以生存的自然环境。

（一）环境问题

1. 环境问题的产生

原始社会时期，人类多以天然植物和动物为食，作为自然物的采集者，对自然环境的破坏微乎其微。随着蒸汽机的诞生，工业革命如火如荼地展开，人类的生产力得到了质的提升，同时，人类利用和改造自然的能力也大幅提高。工业急速发展的代价是自然环境遭到破坏，蒸汽机对空气污染的影响很快就改变了环境中的物质循环系统。1873年至1892年，伦敦多次发生“烟雾事件”，造成至少4 000人死亡。20世纪80年代后，由于环境质量的急剧恶化和大范围的生态破坏，大气污染，森林、草场退化，核污染愈加严重，缓解人与自然环境的紧张关系已迫在眉睫。

2. 常见的环境问题

迄今为止，常见的威胁人类生存的环境问题主要有以下几种：

（1）大气污染（air pollution）。大气污染是指人类活动或自然过程引起悬浮颗粒物、硫氧化物、臭氧、一氧化碳、二氧化碳、铅等物质进入大气中，达到足够的浓度和足够的时间，并因此危害了人体的舒适、健康和福利以及环境的现象。大气污染的污染源主要有自然污染源和由人类生产活动方式造成的污染源，前者如火山喷发、森林火灾等自然现象形成的污染源，后者如煤炭燃烧、石油化工产品的排放物以及工矿企业排放的氯气、金属蒸气或硫化氢等特殊气体。大气污染对人体健康、动植物的生存和气候都有重要影响。

（2）温室效应（greenhouse effect）。温室效应是指大气中的温室气体，如二氧化碳、甲烷等，通过对长波辐射的吸收而阻止地表热能耗散，大气中的温室气体就像一层厚厚的玻璃，使地球变成了一个大暖房，从而导致地面温度升高。温室效应会造成全球变暖，致使南北极等地冰川融化，严重破坏生态平衡，威胁生物的生存环境。

（3）淡水资源危机（the crisis of fresh water resource）。相对于海水，地球上可用于人类生产、生存的淡水资源极其有限。由于水污染和水资源浪费等情况的频繁发生，加之我国南北水域分布不均，我国有近五分之三的城市长期处于缺水状态，世界范围内更是如此，这给人类的生存带来了严峻的挑战。

（4）资源和能源短缺（the shortage of resource and energy）。人类对自然资源的无止境开发和掠夺，使得石油、煤、水利、核能等资源和能源短缺成为全世界范围内的普遍环境问题。当前的资源和能源存储量远不及人类的需求量，长此以往，人类将面临资源和能源枯竭的窘境。

（5）垃圾围城（the garbage rounds city）。城市化进程日益加快，伴随而来的是城市规模的不断扩大，人们的生活越来越便利，但同时城市生活垃圾的危害也不断地暴露出来。当前，人类的垃圾处理能力远远不及垃圾的产生速度，特别是忽略垃圾分类而造成的资源浪费、环境污染、无处消纳等问题，对自然环境造成的危害极大。垃圾围城已成为当今世界各国面临的棘手环境问题。

（6）海洋污染（ocean pollution，marine pollution）。海洋资源是地球的重要资源，而人类活动范围急速扩增导致海洋生态环境发生了巨大变化。如人类活动造成近海区氮和磷含量增加，过量的营养物质导致沿海藻类大量生长，破坏了红树林、珊瑚礁、海草生长地，致使相关食物链的生物数量锐减。此外，原油泄漏、垃圾漂浮、化学物污染等造成的海洋污染和对海洋资源的过度开发，都使海洋生态环境面临巨大的挑战。

除上述常见环境问题外，人类还面临着臭氧层空洞、酸雨、森林锐减、土地荒漠化、生物多样性锐减、有毒化学品污染、危险废物越境转移等众多环境问题。

（二）环境保护举措

“绿水青山就是金山银山”，面对日益严峻的环境问题，人类必须主动作为，严抓、严管、严控、严厉打击破坏环境的行为，广泛开展环境教育和志愿宣传，使环保意识深入人心，从各方面提升环境治理能力。

1. 强化环境管理与监测

环境管理是指在开展环境保护工作的过程中，充分调动人力、物力、财力以实现资源的合理整合与配置，保证环境保护工作的高效开展。环境监测是指运用科学方法和手段，通过对影响环境质量因素的代表值的测定，确定环境质量（或污染程度）及其变化规律。通过环境监测，可以有效侦测环境问题，对造成环境问题的潜在因素及时进行研判，降低环境污染带来的危害。

2. 提升法律强制约束力

1989 年，我国第一部《中华人民共和国环境保护法》（以下简称《环境保护法》）公布。2014 年 4 月 24 日，新修订的《环境保护法》公布。这次修订，是对我国严峻环境现实的一记重拳，是环境保护领域内的重大制度建设，对于环保工作以及整个环境质量的提升产生了重要的作用。新的《环境保护法》倡导“保护优先、预防为主、综合治理、公众参与、损害担责”的原则，突出强调政府责任，进一步完善环境管理、防治污染和其他公害的制度，通过法律的强制力约束公民行为，切实保护和改善环境，推进生态文明建设。

拓展阅读

世界环境日

1972 年 6 月，联合国在瑞典首都斯德哥尔摩召开《联合国人类环境会议》，会议通过了《联合国人类环境会议宣言》，并提出将每年的 6 月 5 日定为“世界环境日”。同年 10 月，第 27 届联合国大会通过决议接受了该建议。世界环境日的确立，反映了世界各国人民对环境问题的认识和态度，表达了人类对美好环境的向往和追求。世界环境日，是联合国增强全球环境意识、促使政府注意环境问题并采取行动的主要媒介之一。我国《环境保护法》第 12 条规定每年 6 月 5 日为环境日，通过立法的形式确定法定环境日，提高全社会的环境保护意识，增强每一个单位、公民对环境保护的社会责任感，激发大家积极参与环境保护志愿活动的热情，从而促进我国环境保护事业的发展。

3. 加强环保宣传教育

为使环境保护意识内化于心、外化于行，各级各类教育行政部门、学校深入开展环境教育，广泛开展环境保护志愿活动，特别是动员作为国家发展生力军的大学生群体，深入群众、社区，开展环境保护法律法规、环境保护知识的宣传与科普，营造全民参与保护环境的良好氛围，实现人与自然和谐共生的美好愿景。

二、环境保护志愿活动

《环境保护法》规定，“一切单位和个人都有保护环境的义务”“公民应当增强环境保护意识，采取低碳、节俭的生活方式，自觉履行环境保护义务”。为响应国家号召，自觉履行环境保护的公民义务，共建美好家园，大批志愿者投身环境保护工作，为推进生态文明建设贡献青春力量。

(一) 绿色生活新时尚——垃圾分类

垃圾分类是社会文明的一个重要体现，是一种“新时尚”。2019 年 9 月，为推动全国公共机构做好生活垃圾分类工作，国家机关事务管理局印发通知，公布了《公共机构生活垃圾分类工作评价参考标准》，并就进一步推进有关工作提出要求。垃圾分类可以有效解决垃圾围城问题，从而减少环境污染、节省土地资源、促进资源的循环利用、推进城市可持续发展。

(二) 绿色校园新追求——校园环境保护

环境保护要从身边做起，从日常做起，从自觉维护校园环境做起。净化、绿化、美化、亮化的校园环境是学生生活、学习的基础，对于陶冶师生情操，促进学生德智体美劳全面发展有着十分重要的意义。

1. 室内外卫生清洁

室内外卫生清洁是校园美化工作的基础任务。要认真做好室内卫生清洁工作，保持办公室、实验室和学生宿舍内的地面、桌面、台面的洁净卫生，并及时清理室内垃圾杂物，防止积水，做到无灰尘、无蛛网、无垃圾、无杂物，物品摆放整齐；要开展室外环境卫生专门整治行动，做好校园道路、绿地、广场、楼道、厕所等公共场所的卫生保洁工作，清理乱堆乱放现象，消灭卫生死角。此外，我们要自觉维护良好的校园环境，不乱扔杂物，不乱倒垃圾，不乱贴非法广告，共同努力营造雅洁、舒适、文明、祥和的校园环境。

2. 倡导校园低碳行动

校园低碳行动是在当前全民低碳行动的背景下，校园内应该遵循的一种生活模式。它是指在校园内发动学校的一切人员参与的以降低二氧化碳的排放为目标的行动。全民低碳行动如今在中国进行得如火如荼，一些以低碳为中心的生活方式和理念已经被广大群众接受并且付诸行动。常见的校园低碳行动内容有：骑自行车出行，为空教室关灯，绿色旅游，少食外卖，环保护林，节水节电，等等。

3. 预防各类疾病

校园中人员聚集，极易爆发和传播各类传染病，因此要认真贯彻“预防为主、综合防御”的工作方针，广泛开展各类传染病预防知识的宣传和教育。学生应注意个人卫生与宿舍卫生；适当增加户外活动，加强体育锻炼，提高自身对疾病的抵抗力。

4. 校园环境保护志愿活动

校园环境保护是学校志愿活动中最为常见的志愿服务项目。为创造洁净的校园环境，营造浓厚的校园文化氛围，守护校园“精神家园”，学校会定期组织开展各类校园环境美化志愿活动，如校道清扫、卫生死角清洁、图书馆清洁、教室“牛皮癣”清洁、单车助摆等活动，旨在增强同学们的环保意识，提升环境保护能力。环境保护要从身边的小事做起，服务他人，传播正能量，在志愿服务精神的引领下，共同建设美丽校园环境。

实践活动

美化家乡——植树造林

“绿水青山就是金山银山”，同学们，抓住季节时机选择合适的地方开始植树美化活动吧！

【结果评价】

根据表 2－1 对此次植树活动进行评价。

表 2－1　评价表

操作内容	配分	评分内容及评分标准	自我评价	教师/同学/家长评价
选苗	20 分	健康无伤口（10 分）		
		大小适宜（10 分）		
土壤	20 分	土壤材料选择正确（10 分）		
		配制比例正确（10 分）		
种植	20 分	种植前植物处理正确（5 分）		
		土壤湿度适宜（5 分）		
		植物放置位置准确（5 分）		
		植物情况良好（5 分）		
浇水	20 分	能够正确判断植物是否需要浇水（5 分）		
		浇水方式正确（5 分）		
		施肥浇水时间正确（5 分）		
		浇水量正确，不积水（5 分）		
养护	20 分	适时进行修剪（5 分）		
		冬季浇水防冻措施（5 分）		
		防风措施保护（5 分）		
		防病措施保护（5 分）		
总计		100 分		

第二节　卫生劳动

一、家居卫生

（一）家庭消毒的常用方式

1. 浸泡、擦拭和喷洒消毒

绝大多数消毒剂都可采用这三种方式，以过氧乙酸为例，其操作方法见表 2-2。

表 2-2　过氧乙酸消毒的操作方法

用途类别	操作方法
浸泡消毒	浸泡衣物、体温计，配制 0.04%浓度的溶液，浸泡 2 小时后用清水洗净即可，也可用来给双手消毒
擦拭消毒	擦拭桌椅、窗台、门把手或水龙头，配制 0.5%浓度的溶液，擦抹 3 次，待 30 分钟后用清水擦净
喷洒消毒	使用喷雾器喷洒 0.5%浓度的溶液，喷后关闭门窗 30 分钟。喷洒消毒时要注意关闭门窗，盖严食品及家电等用品；喷洒时应分区、分段进行，由上往下，由左往右，不遗留空隙；地面喷两次，空间喷一次

2. 气体烟雾熏蒸

适合家庭熏蒸消毒的消毒剂有甲醛、过氧乙酸等。熏蒸消毒时要注意：

（1）充分暴露需消毒物品的表面（如打开柜门和抽屉、挂好衣服、摊开被褥等），取走怕腐蚀的物品。

（2）关闭窗户，用纸条蘸水严封门窗孔隙。

（3）安放电源（一般用电炉，将开关引至门外），使用耐热容器，倒入过氧乙酸或甲醛，关严房门，人员退至室外，接通电源。

（4）密闭 6 小时以上，再开窗通风。

3. 直接用漂白粉干粉消毒

这种方法常用于给水分较多的排泄物消毒，用量为排泄物的 1/5，一般略加搅拌后作用 2～4 小时。肝炎或肠结核患者粪便应作用 6 小时，肠炭疽患者粪便需作用 12 小时。

4. 燃烧法消毒

焚烧消毒是较彻底、有效的消毒方法，适用于被致病菌污染后无保留价值的物品，如被污染的敷料和纸张等。

某些金属、搪瓷类物品急用时也可用燃烧法消毒。有的器具可直接在火焰上烧灼20秒，盆类可倒入95%的酒精少许，点燃后慢慢转动，直至熄灭。

燃烧消毒时要注意安全，须远离易燃易爆物品，中途不要添加酒精。刀、剪或贵重器具忌用燃烧法，以免损坏。

5. 煮沸消毒法

煮沸消毒能使细菌的蛋白质凝固变性，简便、有效，是家庭消毒的常用方法。煮沸消毒法适用于不怕湿、不怕热的任何物品，如搪瓷类、金属类、玻璃类、橡胶类、布类、食物等。

一般水沸后再煮10～15分钟即可达到消毒目的。每次消毒的物品不宜放置过多，水要浸过消毒物品，应让物品所有的面都能接触到水，碗、杯等不宜叠加，水沸后开始计时。玻璃类物品应冷水时加入，橡胶类物品应在水沸后加入。

6. 高压蒸汽消毒法

利用家用高压锅进行高压蒸汽消毒，利用高温湿热来杀灭微生物，消毒效果可靠，适用于耐热、耐湿的物品。

高压锅内放适量的水，放上蒸架，在蒸架上放需要消毒的物品。水沸出蒸汽后开始计时，5～10分钟即可达到消毒目的。

（二）厨房卫生

1. 厨房卫生标准

（1）环境卫生。

保持地面无油渍、无水迹、无卫生死角、无杂物。保持瓷砖清洁光亮，勤擦门窗。

烹饪结束后调料加盖，将工具、用具、工作台面、地面清理干净，将冰箱、炉灶、保洁橱和橱柜下内侧及厨房死角等清理干净，防止残留食物腐蚀。

冰箱等设备如有损坏应及时报修。

厨房烹调加工食物用过的废水必须及时排除，不在厨房过夜，垃圾桶和馊水桶身需基本保持干净，标识明确并加盖，按时清理。

（2）餐具卫生。

切配器具要生熟分开，加工用具必须保持清洁。

熟食、熟菜餐具不得缺口、破边，必须保持清洁，经消毒后，无水迹、油迹、灰迹。

不锈钢器具必须保持本色，不洁餐具应重洗。

（3）炉灶卫生。

灶台应保持清洁，不得有油垢。

炊具必须保持清洁，摆放整齐。

炉灶瓷砖应保持清洁、无油腻，炉灶排风要定期清洗，不得有油垢。

（4）各种调料罐、缸必须清洁卫生并加盖。

2. 厨房的收纳

（1）收入柜中。

调料、锅具等不用时可都放进柜子，既能避免油烟灰尘的附着，又能有效减轻厨房卫生打扫的负担，厨房也会变得更加宽敞明亮。上面的橱柜，因为太高不容易拿物品，所以应放置长期不用的东西，比较容易拿到的地方就放调味料等物品。

（2）整理归类。

整理归类也是收纳的关键，锅碗瓢盆、刀叉碗碟……所有的厨房用具都归类摆放整齐，安排好固定的位置，这样不仅看起来赏心悦目，拿取的时候也更加方便。

（3）将空间利用到极致。

对于一些空间较小的厨房来说，我们最先要考虑的就是利用墙面来扩展收纳的空间，在墙上安装一些可以放置物品的置物架，可以将厨房的一些瓶瓶罐罐放置在墙面的置物架上，从而为厨房的台面留出更大的空间。

由于厨房常用的一些厨具餐具需要经常清洗，我们便需要考虑沥水问题，放置在洗碗池上的沥水置物架就是一种非常不错的设计，不但可以放置刀具和碗筷，也能很好地解决厨具餐具的沥水问题，让厨房更加清洁干净。

拓展阅读

消除家里的怪味小妙招

1. 去除霉味和油漆味

屋内潮湿，衣箱、壁橱、抽屉常常会散发霉味，往里面放一块肥皂，霉味即除；也可将晒干的茶叶渣装入纱布袋，放在各处，去除霉味的同时，还会散发出一丝丝清香。装修时新粉刷的墙壁或新买的家具都会有一股浓烈的油漆味，你只需在室内放两盆冷盐水，一到两天漆味便除。

2. 去除冰箱异味

如果异味不是很大，可以用中性清洁剂（家中用的一般清洁剂即可）将冰箱清擦干净、晾干，然后用酒精再清擦一遍、晾干。如果味道比较大，可以在冰箱内放入茶叶末、食醋或者橘子皮等。

3. 去除厨房异味和鱼腥味

做完饭菜后，厨房内的各种味道很浓，在锅中放少许食醋加热蒸发，异味就能消除。如炒菜锅里有鱼腥味，可将锅烧热，放一些用过的茶叶，异味可消。

4. 去除卫生间臭味

卫生间虽然常冲洗，可偶尔还是会有臭味，可将一盒清凉油或风油精开盖后放于卫生间角落处，既可除臭又可驱蚊，也可放置一小杯香醋去味。

二、校园卫生

（一）校园环境

校园环境包括物质环境和精神环境。

1. 物质环境

校园物质环境主要是指校园内经过人们组织、改造而形成的校容校貌和校园学习环境，具体包括校容、校貌、自然物、建筑物及各种设施等。这种物质环境也是一种文化，能使学生不知不觉、自然而然地受到熏陶、暗示、感染。

干净、整洁的校园物质环境能更好地体现学校的个性和精神，加深这种“无声胜有声”的教育作用。

2. 精神环境

校园精神环境是校园的灵魂，是学校师生认同的价值观和个性的反映，也是一种潜在的教育力，具体体现在师生的精神面貌、校风、学风、校园精神、学校形象等方面。从学生个体角度看，精神环境又是心理环境。良好的心理环境会使人精神愉快，具有催人奋发向上、积极进取、开拓创新的作用。

（二）维护校园环境秩序

为维护良好的校园秩序，营造一个文明、整洁、健康、高雅的校园环境，建设平安校园、和谐校园，师生员工应遵守以下校园文明行为规范：

（1）着装整洁得体，仪容端庄。

（2）行为举止高雅，谈吐文明。

（3）爱护学校花草树木，节约用水。

（4）乘坐电梯遵守秩序，先下后上，相互礼让。

（5）遵守学校环境卫生的有关规定，保持学校环境卫生，不随地吐痰、不乱扔杂物。

（6）文明如厕，保持卫生间清洁，爱护其设施。

（7）上课时遵守课堂纪律，候课时不在楼道内大声喧哗。

（8）爱护教室设施，合理使用教学设备，保持干净整洁的教学环境。

（9）汽车、电动车、自行车停车入位，摆放有序。

（10）严禁在教学楼内的教室、办公室、楼道楼梯、卫生间及公共场所吸烟。

（11）观看教学展演展示、听公共课讲座、参加会议等活动时，主动服从现场管理，遵守秩序，爱护礼堂、会议室等设施。

（12）进行教学和汇报演出活动时，要合理使用场地及设施设备，降低环境噪声，防止影响学校周围单位和居民的正常工作和生活。

（13）自觉遵守学校的各项规章制度，尊师爱生、团结和睦、教学相长，共同营造绿色健康的学习氛围和积极向上的工作环境。

（14）参加学校在本市组织的和赴外省、市的教学汇报演出、比赛、教学活动时，要做到：保证安全、遵守纪律；尊重当地风俗习惯、文化传统；爱护文物古迹、风景名胜、旅游设施。

（15）如遇突发事件，师生员工应当服从学校统一指挥，配合应急处置。

（16）师生员工应当遵守网络信息管理的法律法规和有关规定，维护微信群安全和秩序，自觉抵制不良信息，不传播网络谣言。

（17）充分利用校报、LED屏和宣传栏等媒介，宣传文明行为，传播文明理念，营造全校促进文明行为的氛围。

（18）在开展校园精神文明建设的过程中，学校应对在文明行为促进工作中做出特殊贡献的师生员工，给予表彰和奖励；对在校内做出各种不文明行为的师生员工，学校应进行批评、劝告，对情节严重的给予严肃处理。

三、宿舍卫生

宿舍卫生维护见表2-3。

表 2-3 宿舍卫生维护

注意事项	卫生标准
地面干净	地面无灰尘、无垃圾、无积水，阳台、卫生间无污垢、无杂物堆放
墙面干净	墙面、天花板整洁，无蜘蛛网、无损坏、无涂鸦
门窗干净	门面干净，无污迹，不允许挂门帘，不粘贴纸、画等；保持门上窗户玻璃干净，不允许钉窗纱或张贴任何物品；室内玻璃擦拭干净，窗框无积尘
桌面、床面干净	桌面、床面整洁，物品摆放整齐；桌面、电脑等干净无积尘
室内设施干净	物品柜、洗漱台等无积灰、无损坏；电风扇不用时可用袋子套起来，注意整齐美观
个人卫生	个人物品及时整理、清洗，保持干净

实践活动

创建文明卫生城市

让我们大家行动起来，以“创建文明卫生城市”为主题，以班级为单位，组织一次公益清扫活动，以实际行动让社区居民感受到环境卫生所带来的幸福，同时在社区内做好环境保护的宣传。

【结果评价】

根据表 2-4 对学生的公益清扫活动进行评价。

表 2-4 评价表

操作内容	配分	评分内容及评分标准	自我评价	教师/同学/家长评价
清扫部位（1）	20 分	社区马路清扫（10 分）		
		社区门口清扫（10 分）		
清扫部位（2）	30 分	院落墙角清扫（15 分）		
		垃圾集中点清扫（15 分）		
清扫部位（3）	30 分	楼道、楼梯清扫（15 分）		
		楼道墙面污迹清理（15 分）		
清扫周期	20 分	清扫周期每周两次，持续四周（10 分）		
		清洁标准情况自检（10 分）		
总计		100 分		

第三节　环境美化

一、高校手工制作类课程

手工制作类课程是新时代高校劳动教育中一门重要的专业技能课程，主要研究手工特点、造型规律等内容。该类课程要求同学们掌握手工制作的基本原理及简单工具的使用技巧，还需学会制作相对复杂的、具有较高艺术审美情趣的手工作品。随着高等院校教育教学的改革与发展，手工制作类课程逐渐得到重视。它在陶冶情操、提高美育素养、培养动手能力、激发创造力、促进大学生德智体美劳全面发展等方面具有重要作用。学校手工制作艺术课程涉及扎染、蜡染、刺绣、布艺拼贴、彩绘等。下面介绍课程学习中常见的两种手工技艺。

（一）扎染

手工扎染讲究布与色彩艺术的完美结合，深受同学们的喜爱。所谓扎染，就是用绳子等工具来扎紧布，染色后则会形成规则或是不规则的花纹，扎紧的部分染色会比较少或是没有染色。在手工扎染中，很重要的工具便是染料。染料有很多种，可分为直接染料、酸性染料、分散染料、活性染料、有机染料等。大学生最常使用的是直接染料，这样同学们在进行扎染制作的时候，就不需要借助过多复杂的工具，染料的使用也更为方便。通常我们可按如下步骤来进行手工扎染制作：

第一步是准备染液。染料需要按一定的比例和标准配制成染液。在配制染液时，先将适量的染料倒入玻璃杯中，而后加入适量的温水并用棍棒搅拌均匀，避免玻璃杯中出现块状晶体的沉淀；而染液在放置一定时间后，会出现沉淀或是分层的现象，这时把染液放在锅里蒸热、搅拌即可解决。若是还有剩余的染液，可以选择密封性强的玻璃罐将它密封起来，放在阴凉、干燥的地方储存，再次使用时便用上述方法将其复原，这样可以避免浪费。一般来说，在扎染当天准备好染液即可。

第二步是对布的处理。在染色前将布放在沸水中泡煮有利于染色过程中布对染料的吸收，同时有助于去掉布表面的布浆，以便更好地进行染色。之后我们再将布放在凉水里浸泡、搓洗，就可以开始进行扎染了。

另外，在扎染前我们还可以给布的表面涂上糖浆，这样会形成散射的布艺效果，构成许多漂亮的图案纹样，如图 2－1 所示。

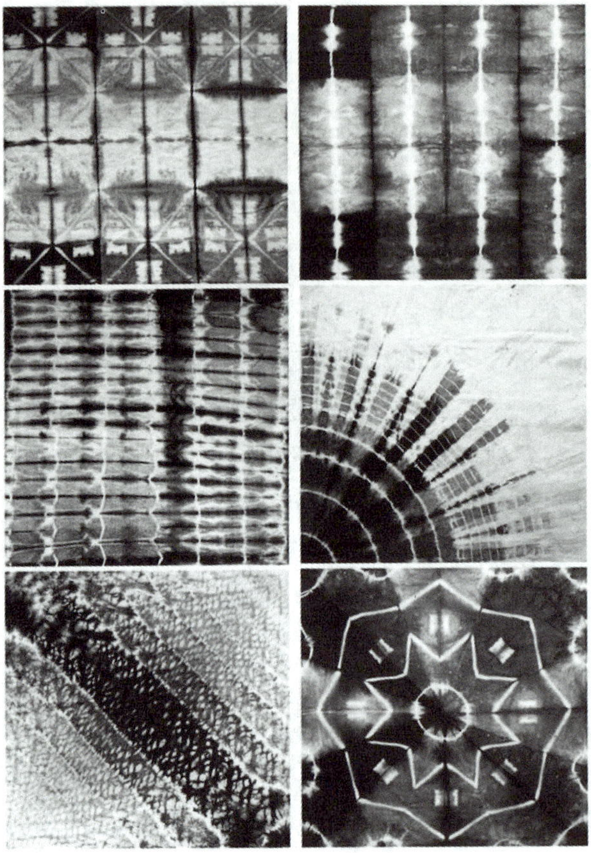

图 2-1　扎染效果

（二）女红

女红亦作“女工”“女功”，或称“女事”，属于中国民间艺术的一种。妇女的传统手工技艺，如纺织、编织、缝纫、刺绣、拼布、贴布绣、剪花、浆染等都称为“女红”，现在“女红”多用以泛指针线活。刺绣作为女红中一个重要的种类，也是当代大学生日常生活中接触较多和需要掌握的简单技能。我们身边许多常见的物品都可以用来为刺绣服务，比如针、线，是我们生活中缝补时常用的工具，能为我们的生活增添别样的情趣。如绣制可爱的小饰品、在衣服上缝制图样、制作手工刺绣图画等，可以有效缓解同学们的心理压力，同时提升大家的审美素养。除此之外，缝缀也是一项日常较实用、成品美观的手工技艺，而缝缀和刺绣的完美结合能为我们的手工作品增色不少。如将线条缝缀到制作的布艺上，或者将布艺上的线丝适当地抽掉一些，可以制造出蕾丝的效果。另外，适当地运用丝带、散落的珠子以及纽扣等都可以达到别出心裁的审美效果。女红制作如图 2-2 所示。

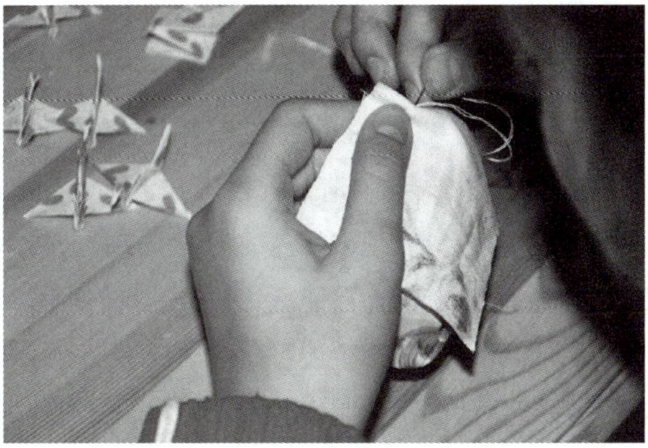

图 2-2　女红制作

目前高校的手工制作课程仍存在教学模式传统、老套，教学内容单一，缺少传统文化资源的融入，手工课教学设备不完善，学生缺乏学习手工的信心和兴趣等问题。学校为了顺应时代发展的需要，也在积极进行探索与改革，如尝试结合网络资源采取翻转课堂的手工课教学模式，致力于挖掘民族传统手工技艺资源，并运用计算机技术等实现手工制作的创新。

二、优秀传统手工制作的传承

2018 年教育部发布了《关于开展中华优秀传统文化传承基地建设的通知》（教体艺函〔2018〕5 号）（以下简称《通知》），其中提出在全国范围内建设中华优秀传统文化传承基地，积极推动优秀传统手工艺走进高校。

新时代高校不仅是传播知识、培养人才的摇篮，同时也肩负着传承中华优秀文化的重任。学校应立足于我国的基本国情，对学生进行审美观念的正确引导，培养大学生的爱国情怀和对中国传统文化的尊崇，增强当代大学生对优秀文化传承的使命感和责任感。作为新时代的大学生，我们也需自觉提升对中国优秀传统文化价值体系的认同。同时《通知》也指出，中华优秀传统文化传承基地建设内容包括课程建设、社团建设、工作坊建设、科学研究、辐射带动、展示交流等六个方面，这为传统手工艺人走进高校提供了保障。

当前，各地学校正在积极探索传统手工制作融入高校劳动教育课程的途径。同学们主要可在如下三个方面参与到传统手工制作的学习中：传统手工艺引入课程体系、传统手工艺人进课堂、相关特色文化活动的建设。传统手工艺引入课程体系并不是生搬硬套地照抄，而是要与新时代高校劳动教育相融合，深入挖掘传统手工艺术元素，将剪纸、陶艺、泥工、漆艺、蜡染等本土特色融入手工课程体系，利用本土丰富的手工艺资源，对其中的经典文化元素、制作手法、构图等进行重新组合，让优秀的传统文化资源成为劳动教育的优势，同时有效促进传统手工技艺的知识普及与传承创新。不少学校也正在推动传统手工艺人进课堂的教学模式，聘请传统手工技艺师傅对专项手工制作进行教授，如刺绣、编织、印染、陶艺等具有地方特色的传统手工技艺传承人走进劳动教育课堂，不仅能为我们提供丰富的实践资源，还能更好地帮助我们理解民族文化的内涵，增强对中国传统文化的认知。除此之外，学生还可通过学校手工爱好社团活动、手工制作展、手工体验馆、课外考察等搭建的手工制作实践、展示、交流的多样化平台，深入领悟其文化内涵，融入当代审美情趣，挖掘传统手工艺术的时代魅力。

传统手工制作作品展示如图 2-3 至图 2-6 所示。

图 2-3　剪纸

图 2-4　白瓷（传统瓷器）

图 2-5　皮影（以兽皮或纸板做成的人物剪影）

图 2-6　戗金作品《果熟来禽》（漆艺家徐进）

三、墙饰的制作技法

常规墙饰中的户外大型壁面装饰大多是由专业的画家、建筑师或工艺师们为之量身定做的“命题”之作，保存的时间也较长久，其场所、方位、结构、视觉效果、材料选择、制作方法等均需周密考虑和研究，因此必须具备较强的美术专业技能方可完成。对于学生来说，只需初步了解即可。而小型常规墙饰、主题墙饰及互动墙饰的设计与制作专业性要求不高，适合学生学习。

（一）装饰壁画手绘技法

装饰壁画可使用水粉、油画、丙烯、油漆等材料，采用手绘或喷绘等方式绘制。一幅壁画可采用一种颜料绘制，也可综合几种颜料进行绘制。例如，大面积色块可采用油漆刷色，线条或局部则采用油画颜料绘制。不同的材料和绘制方式可以产生不同的肌理效果，这些装饰元素的组合是形成整体装饰效果的手段。实际操作时，还应根据墙壁所处自然环境和自身经济状况决定采用何种技法。

（二）平面剪贴装饰画技法

平面剪贴装饰画大都追求抽象、概括的装饰特点，造型多采用夸张变形的手法。这类墙饰可使用的材料比较广泛，有底板材料和画面粘贴材料两大类。其中，底板材料是指充当画面底色的材料，如各色 KT 泡沫板、吹塑纸、植绒纸、白纸板、有色墙纸等均可作为底板材料；画面粘贴材料有各种花布、吹塑纸、植绒纸、旧挂历纸、包装花纹纸、旧画报、金银纸、糖纸、废旧邮票等，应根据画面内容和风格加以选择。

平面剪贴装饰画的制作工具一般有铅笔、剪刀、刻刀、小镊子、乳胶、双面胶、胶水、固体胶等。运用不同的材料和工具，融入不同的技能技巧，会产生不同的艺术效果。常用的简便易行的处理技法有以下几种。

1. 平贴法

平贴法是指用有色美术卡纸、吹塑纸、粉彩纸、云彩纸、棉蕊纸等材料剪刻出变形夸张的人物、动物、植物等，再将剪好的造型合理、巧妙地粘贴在一起，即可完成壁画的整体制作。图 2-7 所示的主题墙饰“快乐周末”就是用各色卡纸剪成各种造型，然后拼贴而成的。

在平贴材料中，吹塑纸是经常使用的一种，其特点是轻便淡雅。以吹塑纸为主要材料时，应配以其他色彩丰富的材料，如植绒纸、各种布料、旧挂历纸、画报等，巧妙地进行拼贴，使之具有浅浮雕感。图 2-8 所示的主题墙饰“美丽的冬天”中的梅花花瓣和树枝是用吹塑纸剪成的，而梅花花蕊、雪花则是用彩色纸板制作的，将这些元素组合在一起，更具立体感。

图 2-7 平贴法——快乐周末

图 2-8 平贴法——美丽的冬天

2. 边缘弯曲法

边缘弯曲法是指在平贴法的基础上，使剪好的纹样边缘略微弯曲成一定弧度，将单薄的美术卡纸变成具有立体感的景物装饰。同时，粘贴时应讲究前后、高低的区别和色彩的协调等艺术效果。图 2-9 所示的主题墙饰“青青草原”中对花瓣和草的边缘都做了弯曲处理，整个画面更加生动。

图 2-9 边缘弯曲法——青青草原

3. 绳贴法

绳贴法是指在平贴法的基础上，运用各种质地不同、粗细不同、色彩各异的线状材料，如彩色皱纹纸搓成的纸绳、彩色棉绳、麻线、毛线等，在图案中或沿色块边缘绕贴，或直接贴成各种形状，以增强平贴装饰画线条的表现力。图 2－10 所示的主题墙饰“小松鼠”中除了松鼠的耳朵、尾巴和脚是用彩纸剪好后平贴而成，其他部分都是用麻绳绕贴而成的，给人耳目一新的感觉。

图 2－10 绳贴法——小松鼠

（三）玻璃粘贴装饰画技法

玻璃粘贴装饰画也是常用的装饰形式，如图 2－11 所示。其主要材料为各色玻璃贴纸，也可采用其他花纹贴纸。制作玻璃粘贴装饰画的工具较为简单，只需准备铅笔、剪刀、精细刻刀、小镊子和夹子即可。

图 2-11　玻璃粘贴装饰画

1. 制作方法

玻璃粘贴装饰画既是整体墙饰的一部分，又是和窗外景色连在一起的流动风景。其制作方法如下：

（1）设计草图，将定稿后的图案勾勒出轮廓线。

（2）将图案拓印在即时贴纸上再精心剪刻。

（3）将剪刻好的图形对好粘贴在玻璃上，要注意色块间空出的缝隙是否宽窄一致。

（4）如需细部的刻画，还可在色块全部粘贴在玻璃上之后，用铅笔直接描绘细线条，再用小刀刻出细纹样（如花心、叶脉、发丝等，线条的宽窄应一致）。

（5）当图案呈现出空芯线状造型，或存在大面积空隙时，可用转移膜（刻字店有售）将剪刻好的图形完整地转移到玻璃上。

2. 注意事项

玻璃粘贴装饰画要追求单纯、清晰、鲜明的视觉效果，以丰富的想象力创造出既有彩色剪纸般效果又具有现代美感的装饰图案，使环境更加美观。在设计制作时需要注意以下几点：

（1）玻璃和彩色贴纸具有透明光亮的特点，在设计时要考虑颜色搭配的效果。

（2）玻璃贴纸最大的特点是清爽悦目，在设计时要尽量追求造型的变形、夸张，不宜采用与自然景物一模一样的细节和色彩。

（3）应将窗门的几块玻璃连在一起整体构思，而不是分割开来。同时，应注重搭配的完整性，切忌支离破碎地随意粘贴。整体协调的玻璃粘贴装饰画如图 2-12 所示。

图 2－12　整体协调的玻璃粘贴装饰画

(4) 大色块应与精美的细节相结合，图案纹样装饰造型要优美，空出的缝隙要整齐自然。

(四) 半立体纸雕装饰画技法

半立体纸雕装饰画是介于立体图画和平面剪贴之间的一种艺术表现形式，是在平面材料上对某些部位进行立体加工，使之在视觉上和触觉上都具有立体感。在构思设计时，需考虑切、剪、折、卷、叠、粘的衔接和立体造型的精美，利用自然纸张的肌理效果体现立体纸雕的独特性，创造出比现实生活中更典型、更美好的景物造型，如图 2－13 所示。

图 2－13　半立体纸雕装饰画

1. 前期设计要点

(1) 在设计上注重动静对比的节奏感，既强烈有序，又略有变化，在重复中求丰富。

(2) 选择恰当的表现手法。花、鸟、树等物象都有千姿百态的造型特点，采用哪一种变形、夸张的造型是需要重点考虑的问题，造型方式将直接影响到主题的表达效果。

(3) 整幅墙饰的设计风格应统一（如是抽象或是写实）。

(4) 注重质感搭配，纸张质地有厚薄的差异，人的造型宜选用较厚较硬的纸，小的造型宜选用薄而易折叠的纸，纸张以富有弹性、易于折叠弯曲为最佳。纸雕色彩主要依赖于美术卡纸本身的颜色以及各种纹理，如云彩纸、岩纹纸、粉彩纸等现代新型纸张本身的肌理不同，做出来的纸雕效果也有差异，所以选择合适的纸质是制作的前提。

2. 基本技法

制作半立体纸雕装饰画所需的工具有：用于修剪轮廓的剪刀、用于裁切纸张的美工刀、用于切割线条的笔刀、用于固定图样的回形针、用于组合粘贴的黏合剂（如树脂胶、玻璃胶等干后透明的胶材），以及直尺、铁尺、三角尺、量角尺、垫板等。

(1) 剪开。即用剪刀沿剪开线（在制作图中为实线）剪开，或用刀沿线切开（注意要将纸完全切透），然后把剪开的部位按一定角度重叠粘贴，形成凹凸，如图 2 - 14 所示。

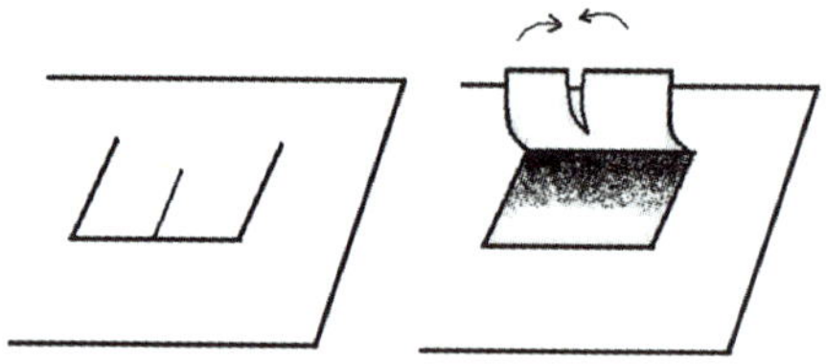

图 2 - 14 剪开

(2) 勒压。勒压也称为半切，其目的是便于较厚的纸张折叠。制作时用刀在纸面上沿勒压线（在制作图中为虚线或点划线）轻划，割到纸厚的 1/3 左右，较薄的纸张用无油的圆珠笔或铁笔深划一下即可。勒压又分为两种：纸面凸起的正面勒压，制作图中用虚线，如图 2 - 15 (a) 所示；纸面凹下的反面勒压，制作图中用点划线，如图 2 - 15 (b) 所示。

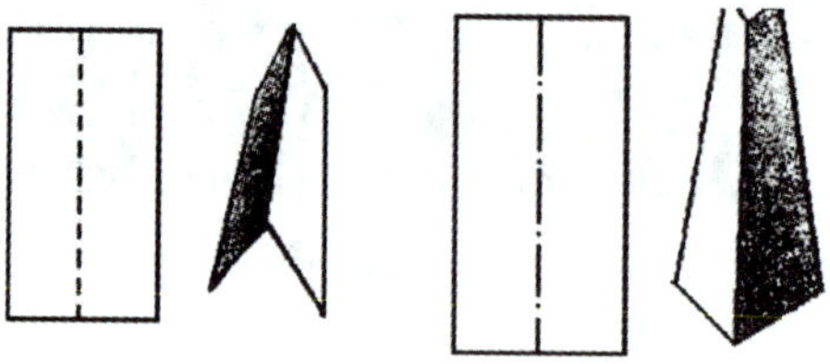

(a) 正面勒压　　(b) 反面勒压

图 2 - 15 勒压

(3) 折叠。折叠方式可分为两种：曲线折，如图 2-16 (a) 所示；直线折，如图 2-16 (b) 所示。其中，圆的折叠是曲线折的一种特殊形式，其具体折法如下：用圆规在纸上画圆，剪下圆形后分别在纸的两面沿线勒压，再剪出一条半径，折出凹凸后，收拢粘贴一部分即可完成。

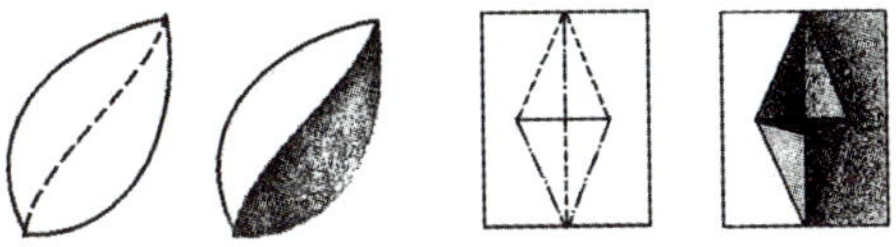

(a) 曲线折　　(b) 直线折

图 2-16　曲线折和直线折

拓展阅读

实用家居环境布置技巧

室内陈设布置应从实际居住状况出发，灵活安排，适当美化点缀，既合理地摆设一些必要的生活设施，又留有一定的活动空间。为使居室布置实用美观、完整统一，应注意以下三个重点。

1. 注重饰品摆放的整体协调

饰品摆放要前小后大层次分明，要将一些家居饰品组合在一起，使它成为视觉焦点的一部分，对称平衡感很重要。旁边有大型家具时，应该由高到低陈列，以避免造成视觉上的不协调感。或是保持两个饰品的重心一致，例如，将两个样式相同的灯具并列，两个色泽花样相同的抱枕并排。

2. 从小的家居饰品入手

摆饰、抱枕、桌巾、小挂饰等中小型饰品是最容易上手布置的单品，布置入门者可以先从这些着手，再进行大型的家具陈设。小的家居饰品往往会成为视觉的焦点，更能体现主人的兴趣和爱好。

3. 布置家居饰品要结合家居整体风格

先找出大致的风格与色调，依着这个统一基调来布置就不容易出错。例如，如果是简约的家居设计，具有设计感的家居饰品就很适合整个空间的个性；如果是自然的乡村风格，就以自然风的家居饰品为主。

家饰布艺的色系要统一，使搭配更加和谐，增强居室的整体感。家居中硬的线条和冷色调，都可以用布艺来柔化。春天，挑选清新的花朵图案，春意盎然；夏天，选择清爽的水果或花草图案；秋、冬天，则可换上毛茸茸的抱枕，温暖过冬。

四、废旧材料环境布置

（一）盆栽示意

见图 2-17。

图 2-17　盆栽示意

（二）挂饰示意

见图 2-18。

图 2-18　挂饰示意

(三) 区角布置示意

见图 2-19。

图 2-19 区角布置示意

实践活动

设计制作综合材料装饰画

学生以小组为单位（每组 4～6 人），完成以下内容：

1. 选取身边的废旧材料，设计一套综合材料墙饰方案。
2. 举一反三，用搜集的材料尝试设计制作单个造型。
3. 制作一幅完整的综合材料装饰画。

【结果评价】

根据表 2-5 对此次综合材料装饰画设计活动进行评价。

表 2-5 评价表

操作内容	配分	评分内容与评分标准	自我评价	教师/同学/家长评价
设计	60 分	设计巧妙（20 分）		
		造型均衡协调、富有情趣（20 分）		
		色彩把握得当（20 分）		
制作	40 分	材料搭配合理（20 分）		
		制作精致（20 分）		
总计		100 分		

第四节　花草种植

在快节奏的现代生活中，人们更需要一些清新、自然的感受。在家里种植花草，有助于人们调节精神压力、陶冶情操。

一、花草种植场景

（一）客厅

客厅适合摆放一些能净化空气的植物，或者一些寓意吉利的植物。

1. 适宜

（1）金橘：金橘黄澄澄的颜色寓意招财进宝，对净化空气也有一定的作用。

养护方法：春季需每天向叶面喷水一次，夏季需每天喷水 2～3 次，并向盆土中喷水，施足肥。

（2）龟背竹：龟背竹常作为盆栽以供观赏，点缀客室和窗台，较为普遍。

养护方法：春秋季每天浇一次水；夏季早晚各浇一次水，天气干燥时向叶面喷水并向周围环境洒水；冬季 3～4 天浇一次水，每隔 7～10 天用与室温接近的清水喷叶面一次。

（3）绿萝：绿萝可以吸收空气中的有害物质，尤其是甲醛，搬进新家可以放置一些绿萝。

养护方法：春秋季 2～3 天浇一次水，夏季一天浇一次水，冬季少浇水。

（4）吊兰：吊兰又被称作空气净化机，可以吸收甲醛、一氧化碳和尼古丁等有害物质。

养护方法：夏季每天浇一次水，春秋季 5 天浇一次水，冬季半个月浇一次水即可。

2. 不宜

（1）夹竹桃：夹竹桃全株有毒，皮肤碰到树液会有麻痹感。

（2）松柏类花卉：松柏类花卉会散发油香，让人产生不适感。

（二）卧室

卧室适合摆放一些能安神静气，同时能够洁净空气的植物。

1. 适宜

（1）芦荟：芦荟具有很强的空气净化功能，而且它本身也具有很高的药用价值。

养护方法：冬季半个月浇一次水，春秋季一个星期浇一次水，夏季 2～3 天浇一次水。

（2）君子兰：君子兰即使在紧闭的环境中也能发挥净化空气的作用，冬天开暖气的卧室不常透气，养盆君子兰最适合。

养护方法：君子兰浇水的方法比较特殊，不干透不浇，浇就浇透，最好是浇水的同时施肥，15～20 天一次。

2. 不宜

（1）百合花：百合花的香味会使人兴奋，导致失眠。

（2）夜来香：夜来香以及丁香类植物在晚上会释放出微粒，对心脏病和高血压患者特别不利。

（3）兰花：兰花的香气很浓，放在卧室内会影响休息。

（三）卫生间

卫生间适合摆放一些阴生且具有清新空气作用的植物。

1. 适宜

（1）虎尾兰：虎尾兰可以吸收空气中的水蒸气，同时也是公认的空气清道夫。

养护方法：浇水要适中，不可过量，春夏秋季要充分浇水，冬季要控制浇水。

（2）白鹤芋：卫生间里的污浊空气很重要的成分就是氨，而白鹤芋对氨的吸收能力很强。

养护方法：不宜阳光直射，一周浇水 2～3 次即可。

2. 不宜

月季、石榴、菊花：这些都是典型的喜阳植物，缺少阳光的照射便会枯败，不适合摆放在卫生间。

（四）阳台

阳台可以放一些喜阳的植物。

1. 适宜

（1）常春藤：常春藤是天然除尘器，放在阳台有助于抵挡室外的污浊空气。

养护方法：避免烈日暴晒，每日向叶面喷水 2～3 次。

（2）山茶：山茶枝叶繁茂，花色艳丽，具有较高的观赏价值。

养护方法：山茶喜肥，应施足肥，3 天浇一次水，保持泥土湿润即可。

（3）万年青：万年青是常绿植物，具有健康长寿、友谊长存等美好的寓意。

养护方法：浇水不宜过勤，否则容易烂根，平时要防止淋雨。

2. 不宜

兰花、文竹：这些喜阴的植物遭遇阳光暴晒后，叶片会变黄。

拓展阅读

正确修剪花草

1. 生长期间的修剪

此时修剪可促进植株分株，让植株自然矮化，维持漂亮的株型，促使其萌发更多的植株，从而开更多的花。植株太高时，也可做修剪矮化，促使分株。修剪位置不要太低，以免影响发芽，另外要剪在枝节的上方。每株剪的位置要同等高度，株型才会好看。剪完后加入粒肥，补充养分。

2. 花谢时修剪

将凋谢的花苞剪掉，调整株型，此时可以适量地施点花肥，可促使其萌发侧芽、另结花苞，还可以延续植株生命，延长开花时间。植株有一部分花朵凋谢时，可将花朵剪掉，剪口在节点的上方。修剪后一样要施点肥。

3. 株型调整修剪

觉得株型不漂亮时，也可以修剪来调整，让株型更加紧密。株型不好看时要舍得修剪，要剪在节点以上，植株保留 10cm 左右。修剪时要注意左右的平衡，剪完施放肥料。

二、花草种植技巧

见表 2－6。

表 2－6　花草种植技巧

要点	参考标准
植物的选择	在室内养什么植物才能保持良好的生长呢？可以查看周围环境的日照时间，如果大部分时间都没有阳光，或者只有灯光照射，那就要养耐阴的绿植
合适的容器	一定要选择有排水孔的花盆，可以检查一下其排水性如何，没有排水孔的花盆很容易导致土壤积水，使植物烂根
栽种	栽种之前可以在盆底铺上一层颗粒石，避免排水孔被堵塞。之后可先放入 1/3 左右的土壤，接着栽种盆栽绿植
绿植移栽	如果是小盆栽绿植，可以直接带土移栽，这样能很快恢复生长；如果是裸根植物，则可以挖空盆土，之后覆盖新的土壤。如果小盆栽根系长满了花盆，就需要换盆，并适当去掉旧土，混入新的土壤

续表

要点	参考标准
适当覆土	将绿植栽种好之后，就需要适当覆土，土壤不能埋到叶片，盆土最高的位置不能超过花盆最高位置的 9/10，这样可以让后期养护更方便
浇透水	栽种好的植物覆土后要稍微按压，让土壤平整，之后就可以浇透水。如果是多肉类植物，栽种好可以等 5～7 天之后再浇水，如果是绿植则栽种后马上浇透水
关于施肥	植物在刚种好之后不能马上施肥，浇透水后托盘内也不能有水，积水要及时倒掉。一般是等盆栽栽种 1～2 个月之后才能适当给一点薄肥，肥料的浓度不能太高，绿植对肥料的需求不高，可以在生长季节 3～4 周施肥一次
后期养护	后期养护注意浇水之前检查土壤，可以等土壤下 3～5 厘米都干了再浇水，避免水过多。养护的位置要有适当的光线，并且适当保持通风

实践活动

盆栽换盆

看看盆栽植物的根部，如果植物的根都伸展到盆器外面了，那就说明该盆已经太小，容不下日渐壮大的根系，需要更大的容器、更多的土壤。换盆的时机可以从三个方面考虑：最适合在植物休眠期、生长初期进行；适合在春、秋两季进行；对于正处于缓苗期的植物，不要换盆，避免造成二次损伤。

1. 前期准备

换盆前要准备的材料和工具：花盆、园艺剪、铲子、培养土（也可以加一些珍珠石、蛭石、陶粒等）。换盆前几天不浇水，待盆土半干的时候再换。换盆一般选择在阴天或傍晚进行。

2. 脱盆

先贴着盆壁在泥土中用铁钉划一圈，以利于植物整体脱出。将植物脱盆后，用手轻轻按压根部的土团将土壤压松，然后把土里面的根整理出来，也可以用水冲洗。

3. 修剪

将老根、坏根除去并修剪枝丫。按照植株的大小确定保留根部的长短，植株越大保留的根就要越长，一般根部只要留 15cm 左右的长度即可，多余部分剪掉（见图 2－20）。植株上的枯枝败叶或者生病的部分也要剪除。另外，为了降低植物蒸腾作用，避免水分过度流失，也可以把植物的叶片剪掉一部分。

4. 配土

为了兼顾新土的透气性和保水性，可以将蛭石、珍珠石、培养土按照 1∶1∶3 的比

图 2－20　除去多余的根

例充分混合均匀，同时要在土壤中加入一定比例的杀菌药物及底肥，作为新盆土壤。也可以根据盆栽自己的特性配置合适的土壤。

5. 上盆

在盆底的出水口垫上瓦片或纱网，盆底也可以先铺上排水的鹅卵石或者陶粒、瓦片，然后将混合好的土壤加入新盆中，先到大概 1/3 的高度，用手稍微压实，放入植株，再加入土壤到八分满即可（见图 2－21）。

图 2－21　上盆填土

6. 浇水

一次性浇足定根水（注意：大多数多肉植物直接潮土换盆，不需要浇定根水）。

7. 换盆注意事项

(1) 新换花盆要和植物相适应，如果植物生长不明显，那么用原盆就可以。如果长大了一圈，可以找个大点的花盆，如果大盆养小花，容易积水烂根。长得快的花，一年换1次，长得慢的可以两三年换一次。

(2) 浇透水后，要放到阴凉通风的地方养护，直到植物恢复生机以后再转入正常的环境下养护。

(3) 要注意不能一年多次换盆，最多不要超过两次，否则多次伤根植物生长会受阻，恢复周期长。

(4) 如果条件比较差，比如冬季或者炎热的夏季，为了不伤根，也可以原土换盆，或者根系完好很健康，也可以不修根，脱盆后直接放到新的花盆中，再稍微松松土，填实后浇透水即可。

【结果评价】

根据表2-7对此次盆栽换盆活动进行评价。

表2-7　评价表

操作内容	配分	评分内容及评分标准	自我评价	教师/同学/家长评价
材料及工具准备	10分	准备齐全（10分）		
		准备不齐全（每缺少一样扣2分）（0～8分）		
花卉名称	15分	准确识别花卉名称（15分）		
		大致识别花卉名称（10分）		
		不能识别花卉名称（0分）		
花卉习性搜集	20分	能准确搜集掌握花卉习性（20分）		
		搜集到部分花卉习性（5～15分）		
		搜集不到或搜集错误（0分）		
植株尺寸	5分	正确测量，误差小于1cm（5分）		
		误差大于2cm（0～4分）		
花盆尺寸	5分	选择尺寸完全适合（5分）		
		尺寸误差大于2cm（0～4分）		
生长状态	5分	准确判断生长状态（5分）		
		大致判断生长状态（1～4分）		
		错误判断生长状态（0分）		

续表

操作内容	配分	评分内容及评分标准	自我评价	教师/同学/家长评价
操作过程	30分	全部操作熟练流畅，无失误动作（30分）		
		部分操作失误（15～30分）		
		全部或大部分操作失误（0～15分）		
恢复时间	10分	限定时间内完全恢复（10分）		
		未完全恢复，但未死亡（5分）		
		植株死亡（0分）		
总计		100分		

第五节　垃圾分类

垃圾是城市发展的产物。今天，垃圾围城已成为困扰全球大城市的难题，高速发展中的中国城市，也正在遭遇“垃圾围城”之痛。要解决垃圾围城问题，离不开垃圾分类。

一、垃圾分类的意义

实行垃圾分类，关系广大人民群众生活环境，关系节约使用资源，也是社会文明水平的一个重要体现。垃圾分类是新时尚。全民参与垃圾分类，具有以下几个方面的意义。

（一）减少环境污染

我国现有的垃圾处理方式主要是填埋和焚烧。填埋垃圾时，即使远离生活场所，并采用相应的隔离技术，也难以杜绝有害物质的渗透，这些有害物质会随着地球物质循环而进入整个生态圈中，污染水源和土地，通过植物或动物最终影响人们的身体健康。而垃圾焚烧也会产生大量危害人体健康的有毒气体和灰尘。

其实，有很大一部分垃圾是不需要填埋，也不需要焚烧的。如果我们能够做好垃圾分类，就能减少垃圾的填埋和焚烧，从而减少环境污染。

（二）节省土地资源

填埋和堆放等垃圾处理方式会占用大量土地资源，而且垃圾填埋场属于不可复场所，即填埋场不能够重新作为生活小区。此外，生活垃圾中有些物质不易降解，会使土地受到严重侵蚀。

据统计，垃圾分类可以使人均生活垃圾产生量减少三分之二，从而节省大量土地资源。

(三) 促进资源的循环利用

很多垃圾的产生源于人们没有利用好资源，将自己不用的资源当成垃圾丢弃，这种废弃资源的方式给整个生态系统造成的损失都是不可估量的。在处理垃圾之前，通过垃圾分类回收，就可以将垃圾变废为宝，如回收纸张能够保护森林，减少森林资源的浪费；回收果皮蔬菜等生物垃圾，可以将其作为绿色肥料，让土地更加肥沃。

此外，垃圾分类有利于改善垃圾品质，以便更好地进行无害化处理。以垃圾焚烧为例，分类能使焚烧处理做得更好，可起到减量（减少垃圾处理量）、减排（减少污染物排放量）、提质（改善燃烧工况）、提效（提高发电效率）等作用。

(四) 增强民众的环保意识

垃圾分类是处理垃圾公害的最佳解决方法和最佳出路，进行垃圾分类已经成为环境保护的必然路径。垃圾分类能够使民众学会节约资源、利用资源，养成良好的生活习惯，提高个人的素质修养。一个人如果养成良好的垃圾分类习惯，那么他就会关注环境保护问题，在生活中意识到资源的珍贵性，养成节约资源的习惯。

不可否认的是，好习惯的养成只是第一步，更重要的是坚持。我们坚信，只要坚持不放松，垃圾分类就会在潜移默化的氛围中，成为每个人的行为习惯，最后不再需要依靠外力推行，真正做到“推广开来、坚持下去”。

二、垃圾分类标准

2019 年 11 月 15 日，新版《生活垃圾分类标志》标准发布，同年 12 月 1 日起正式实施。与 2008 年版标准相比，新标准将生活垃圾类别调整为可回收物、有害垃圾、厨余垃圾和其他垃圾四大类，其对应标志如图 2－22 所示。

图 2－22　四大类生活垃圾标志

新版《生活垃圾分类标志》分别由四大类标志和 11 个小类标志组成，具体见表 2－8。

表 2-8　新版《生活垃圾分类标志》的类别构成

大类	小类
可回收物	纸类
	塑料
	金属
	玻璃
	织物
有害垃圾	灯管
	家用化学品
	电池
厨余垃圾（也可称为“湿垃圾”）	家庭厨余垃圾
	餐厨垃圾
	其他厨余垃圾
其他垃圾（也可称为“干垃圾”）	—
除上述四大类外，家具、家用电器等大件垃圾和装修垃圾应单独分类	

拓展阅读

分类后的垃圾去哪了

1. 可回收物

可回收物通过“直接卖给废品回收企业”“投放到设置在居住区公共区域可回收物收集容器中”“投放到两网融合服务站点”这三种方式进入废品回收系统，然后经再生资源回收服务点、站、场收集后，通过市场化渠道运往各类再生资源工厂再生利用，变废为宝，如图 2-23 所示。

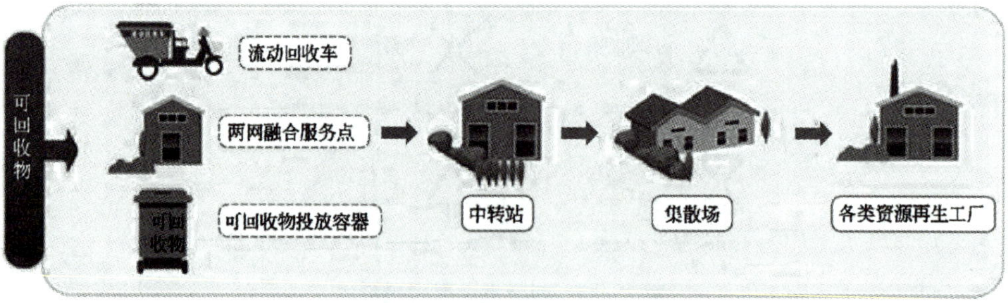

图 2-23　可回收物的去处

2. 有害垃圾

有害垃圾被投放到有害垃圾收集容器中后，会由专用的收集车运送到暂存点，随后由环卫专用有害垃圾车辆运输至中转站进行分拣和存储，最后进入各类危废处理企业进行无害化处理，如图 2-24 所示。

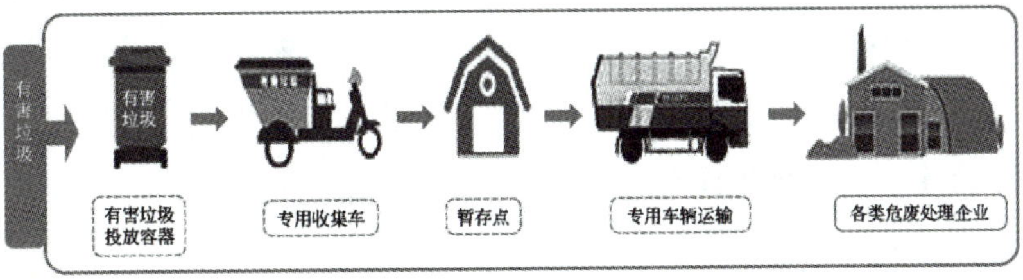

图 2-24　有害垃圾的去处

3. 厨余垃圾

厨余垃圾（投放厨余垃圾时记得要去除包装袋）被投放到设置在居住区公共区域的"厨余垃圾"收集容器中后，会由小区物业保洁员短驳至垃圾厢房，再由环卫工人通过厨余垃圾专用收集车辆收运至厨余垃圾资源化利用厂，实现日产日清，如图 2-25 所示。郊区主要通过"就地就近、一镇一站"的厨余垃圾处理设施和分散设备进行资源化处理。

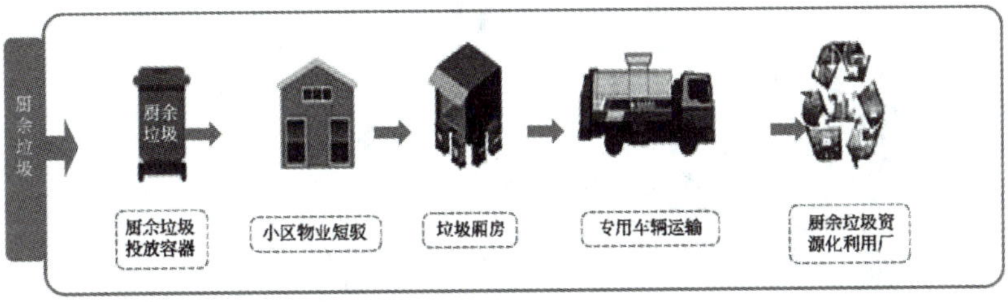

图 2-25　厨余垃圾的去处

4. 其他垃圾

其他垃圾被投放到设置在居住区公共区域的"其他垃圾"收集容器中后，经分类短驳到垃圾厢房，随后由环卫专用其他垃圾车辆运输，实现定期清运，如图 2-26 所示。

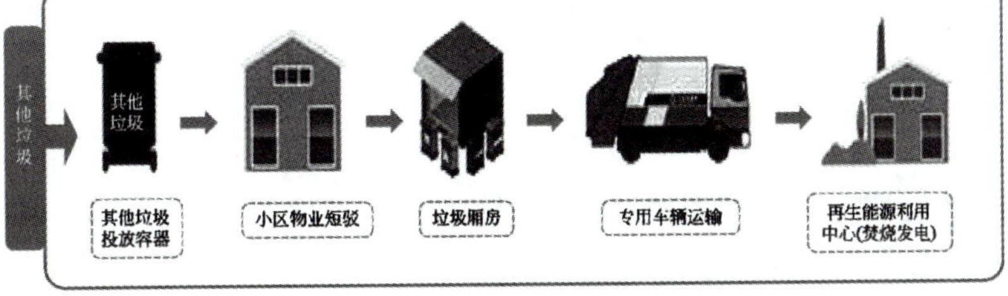

图 2-26　其他垃圾的去处

三、垃圾分类操作

（一）分类原则

进行垃圾分类，关键要掌握分类原则：可回收物记材质，玻、金、塑、纸、衣；有害垃圾非常少，主要是废电池、废灯管、废药品、废油漆及其容器；厨余垃圾看是不是很容易腐烂、很容易粉碎；其他的就都是其他垃圾了，当发现有不能准确判断类别的垃圾时，也可以把它归到其他垃圾中。

（二）投放要点

1. 可回收物

常见的可回收物见图 2－27。

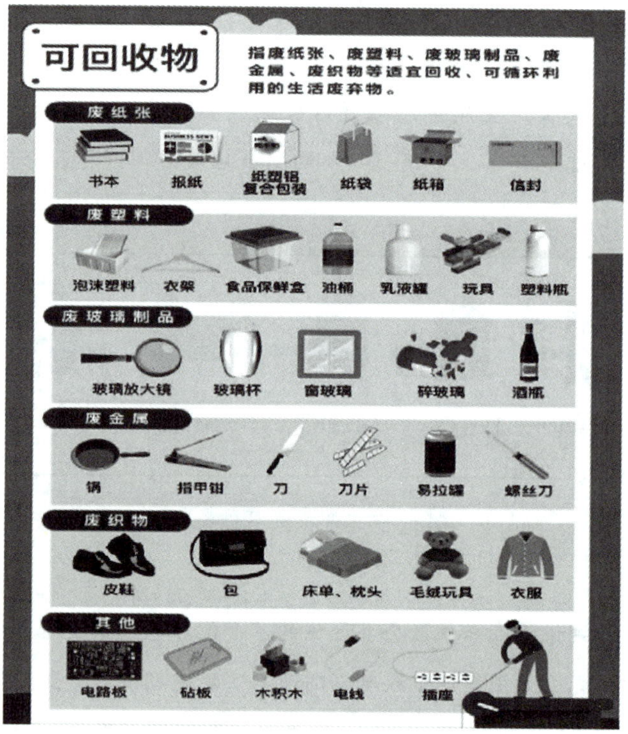

图 2－27　常见的可回收物

投放要求：

（1）应尽量保持清洁干燥，避免污染；

（2）立体包装物应清空内容物，清洁后压扁投放；

（3）易破损或有尖锐边角的应包裹后投放。

2. 有害垃圾

常见的有害垃圾见图 2－28。

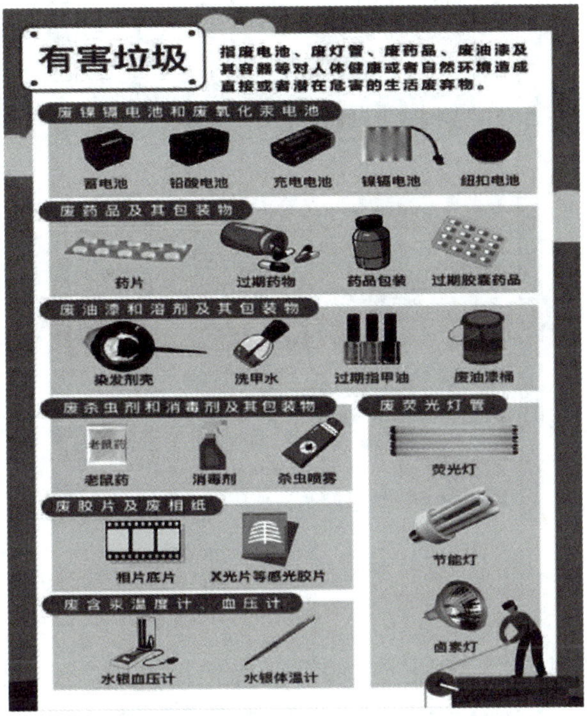

图 2－28　常见的有害垃圾

投放要求：

（1）投放时应注意轻放；

（2）易破碎的物品及废弃药品应连带包装或包裹投放；

（3）压力罐装容器应排空内容物后投放。

另外，公共场所产生有害垃圾且未发现对应的收集容器时，应携带至有害垃圾投放点妥善投放。

3. 厨余垃圾

常见的厨余垃圾见图 2－29。

投放要求：

（1）厨余垃圾应从产生时就与其他类型的垃圾分开收集；

（2）投放前尽量沥干水分，有外包装的应去除外包装后投放。

另外，公共场所产生厨余垃圾且未发现对应的收集容器时，应携带至厨余垃圾投放点妥善投放。

图 2-29　常见的厨余垃圾

4. 其他垃圾

常见的其他垃圾见图 2-30。

图 2-30　常见的其他垃圾

投放要求：投入干垃圾收集容器，并保持周边环境整洁。

实践活动

互联网+垃圾分类回收

在第 20 届中国环博会上，展会第一次专门为智能垃圾分类开辟了展区，“互联网+垃圾分类回收”成为热点。“互联网+垃圾分类回收”正在多地推进。北京的多个居民社区就设置了各种智能垃圾分类回收机，也有不少居民参与到这种垃圾分类模式中来。

请查阅相关资料，以 2～3 个宿舍为单位，利用现有的小程序（或 App），或者联合本校或临近院校的计算机系学生开发相关的垃圾回收小程序（或 App），组织 1～2 栋宿舍楼尝试为期半个月至一个月的“互联网+垃圾分类回收”行动，并做好记录，如活动开展计划、活动开展关键点、活动开展难点及解决方案、心得体会等。

【结果评价】

根据表 2-9 对此次“互联网+垃圾分类回收”活动进行评价。

表 2-9　评价表

操作内容	配分	评分内容与评分标准	自我评价	教师/同学/家长评价
策划阶段	25 分	参与活动全过程（10 分）		
		积极主动，献计献策（5 分）		
		提出建设性、可操作性意见（10 分）		
准备及宣传	20 分	物品筹备（5 分）		
		对外宣传（5 分）		
		对外协作沟通（10 分）		
活动开展	35 分	完成自己的任务（5 分）		
		促进活动关键节点的推进（5 分）		
		发现问题解决问题的能力（10 分）		
		能合理调配资源（10 分）		
		活动现场气氛调动（5 分）		
总结	20 分	经验教训（10 分）		
		整体策划有创新意识（10 分）		
总计		100 分		

第三章　工作更轻松

第一节　常见网络故障排除

由于网络协议和网络设备的复杂性，在网络使用过程中，经常会遇到各种各样的网络故障，例如无法上网、局域网不通、网络堵塞甚至网络崩溃。在解决故障时，首先必须确切地知道网络到底出了什么问题，利用各种诊断工具找到故障发生的原因，然后对症下药，最终排除故障。

一、常用排错方法

（一）检查网络设备

（1）查看状态灯，包括电源指示灯、状态灯、报警灯；

（2）感知设备的温度，检查设备是否温度过高。

（二）检查物理链路

（1）检查链路指示灯；

（2）拔插链路（注意：光纤链路不建议多次拔插，多模光纤可以通过肉眼看到可见光）；

（3）更换端口。

（三）检查终端主机

Windows 系统可使用如下常用命令：

连通性测试：ping 192.168.100.254!

路径追踪：tracert-d 192.168.10.254!

查看网卡信息：ipconfig /all!

网卡信息复位：ipconfig /release!

重获取 IP 地址（DHCP 环境下）：ipconfig /renew!

刷新 DNS 缓存：ipconfig /flushdns!

查看 ARP 信息：arp-a!

重置网卡 ARP 信息：arp-d!

远程登录，测试网络是否通畅：telnet 192.168.100.254!

（四）分段定位

分段定位具体如下：从用户端 PC 到接入交换机，从接入交换机到汇聚层交换机，从汇聚层交换机到核心交换机，从核心交换机到防火墙，从防火墙到路由器，从路由器到出口网关。线路分段定位如图 3－1 所示。

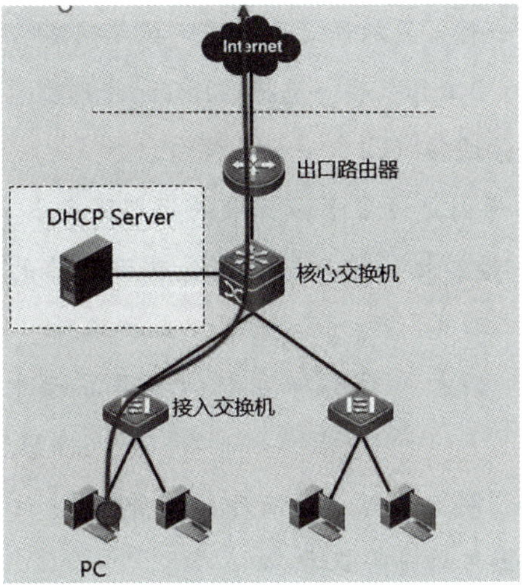

图 3－1　线路分段定位

二、网卡故障

如果网卡在工作中出现了问题，网络连接肯定不正常。此时，一般可考虑以下方法：

（1）检查网卡的驱动程序是否正确安装，如不正确则需要重新安装。

（2）检查网卡是否和其他设备有冲突，特别是 Modem、显卡这类设备，如有，则需要手动调节中断以避免冲突。

（3）检查网卡的通信协议是否正确安装。大多数网络都是采用 TCP/IP 协议进行通信的，因此首先要保证对该协议进行正确的配置，其次再考虑安装其他的通信协议。

（4）最后检查网卡本身的质量问题，如是否存在网络接口内断线、网卡芯片损坏等现象。

拓展阅读

网站不能访问的排查与解决

（1）如果出现网站无法访问的现象，首先确认 IE 浏览器地址栏是否输入了正确的网址。

（2）网站无法访问的一种常见原因是设置了“拨号网络”，解决方法是：打开 IE 浏览器→打开 IE 菜单栏上的“工具”项→选择“Internet 选项（O）”→选择“连接”选项卡→选中“从不进行拨号连接（C）”→保存操作。

（3）还有一种常见的原因是设置了不正确的代理服务器，解决办法是取消代理服务器或正确配置代理服务器。此处仅介绍取消代理服务器的操作方法：打开 IE 浏览器→打开 IE 菜单栏上的“工具”项→选择“Internet 选项（O）”→选择“连接”选项卡→点击“局域网设置（L）”按钮→在新的操作界面中取消所有多选项→保存操作。

（4）客户端登录提示“网络超时，无法连接服务器”，此时请检查 IP 设置是否正确、网线是否插好、集线器工作是否正常。

（5）客户端登录提示“用户名（密码）错误”，此时请核对你的用户名和密码是否正确输入。

（6）客户端登录提示“本账号只能在 ****** IP 地址（MAC 地址）使用”，此时请检查你的用户名和使用的机器是否相符（本条只针对办公用户）。

三、双绞线连接故障

双绞线连接不当是最容易造成线路不通的原因，此类问题一般是操作者插拔不到位、水晶头压制时芯线压制不牢等造成的。在计算机挪动、线路受外力拉扯、接口重新插拔过程中最容易出现此类情况。通常在外力的作用下，对双绞线线路的人为损坏可能直接造成线路中断或出现混线，从而影响计算机的正常通信。用户可先检查双绞线水晶头线序是否正确，然后借助网线测试仪测试双绞线的连通性。如有线序错误或断线，重新制作水晶头即可。

四、交换机故障

交换机是局域网中用得比较多的设备。一般情况下，它们为用户查找网络故障提供了方便，如可通过观察交换机连接端口的指示灯是否亮来判断网络连接是否正常。对于10/100Mb/s自适应集线器（或交换机）而言，还可通过连接端口指示灯的不同颜色来判断被连接的计算机是工作在10Mb/s状态下，还是100Mb/s状态下。

五、代理服务器故障

无法通过局域网软件代理服务器（如WinGate、SyGate）访问互联网的原因有以下几点：

（1）服务器端代理软件问题。例如相应服务端口被其他软件占用，可通过改变端口值解决；服务权限没有给用户，或者根本就没有配置相应的服务或者限制某些服务，重新配置即可；代理软件过期或版本太低，可上网下载高版本软件，对软件进行注册。

（2）客户端浏览器本身有故障或配置不正确，可试试其他的浏览器或重新配置。客户端软件过期或版本太低，客户端局域网连接故障，请参照前面的说明解决。

（3）当前网络连接太慢，互联网上部分站点服务器相应的服务提供不全或有故障。

实践活动

“校内只有部分网段能上网”故障的排除

现在校园网内部只有部分网段能够上网，其他网段不能上网，请尝试解决此故障并记录总结故障检测及解决方法。

【结果评价】

根据表 3-1 对此次网络故障解决的情况进行评价。

表 3-1　评价表

操作内容	配分	评分内容及评分标准	自我评价	教师/同学/家长评价
路由器列表检查	20 分	出口路由器列表里面是否做了限制		
回指路由检查	20 分	路由器回指路由是否正常		
ACL 修改	30 分	NAT 的 ACL 修改		
添加回指路由	30 分	添加回指路由		
总计		100 分		

第二节　数字图像技术应用

一、为图像添加艺术效果

下面通过为“徒步旅行. jpg”图像添加艺术滤镜，介绍使用美图秀秀为图像添加艺术效果的方法。

步骤 1　启动美图秀秀，在其操作界面上方单击“打开”按钮，在打开的“打开图片”对话框中选择相应文件，然后单击“打开”按钮，如图 3-2 所示。

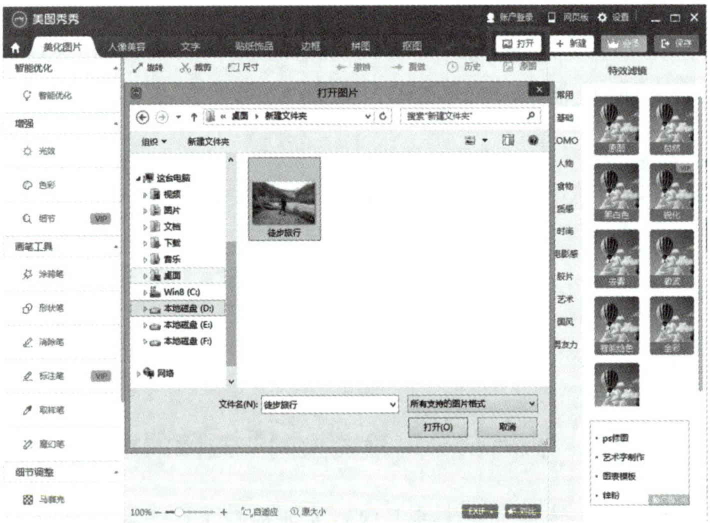

图 3-2　打开素材“徒步旅行. jpg”

步骤 2　切换到“美化图片”选项卡，然后在“特效滤镜”区单击“电影感”类别中的“小森林”图标，为图像应用该特效滤镜，如图 3－3 所示。最后单击“保存”按钮，保存图像。

图 3－3　为图像应用特效滤镜

二、人像美容

下面通过美化“雀斑女孩. jpg”图像，介绍使用美图秀秀“人像美容”功能美化人物图像的方法。

步骤 1　启动美图秀秀，切换到“人像美容”选项卡，单击“打开图片”按钮，在“打开图片”对话框中选择相应文件，然后单击“打开”按钮，如图 3－4 所示。

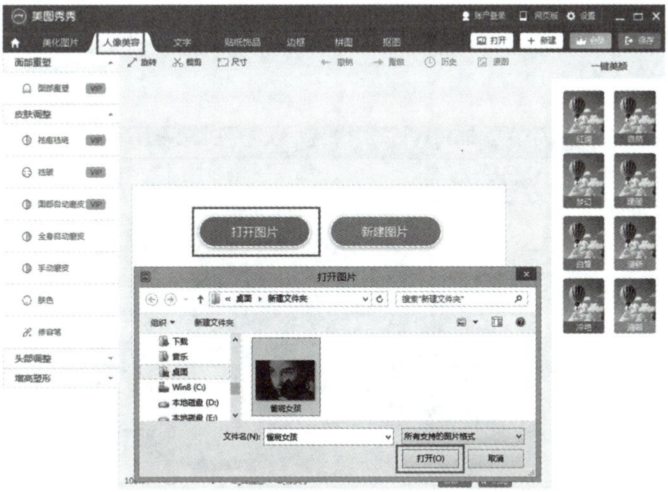

图 3－4　打开素材“雀斑女孩. jpg”

步骤 2 在界面右侧的“一键美颜”列表中单击“自然”图标，即可对人物图像添加自然风格的美颜效果，如图 3－5 所示。最后单击“保存”按钮，保存图像。

图 3－5 对人物图像进行一键美颜

三、装饰图像

下面通过为“女孩.jpg”图像添加文字和边框，介绍使用美图秀秀装饰图像的方法。

步骤 1 启动美图秀秀，打开相应素材文件。

步骤 2 切换到“文字”选项卡，在左侧选择“文字贴纸”选项，在右侧出现的“文字贴纸”列表中选择“心情”类，单击“请允许我爱你”图标，即可为图像添加该文字贴纸；在图像窗口中可调整文字贴纸的位置，拖动其调整框的控制点，可调整其大小和角度，也可通过“素材编辑”对话框进行文字贴纸透明度、旋转角度和大小的调整。如图 3－6 所示。

图 3－6 为“女孩. jpg”图像添加文字贴纸

步骤 3　切换到“边框”选项卡，在左侧选择“炫彩边框”选项，如图 3－7 所示。

图 3－7　选择“炫彩边框”选项

步骤 4　打开“边框”操作界面的“炫彩”选项卡，在右侧“炫彩边框”列表中选择“热门”中的一种边框类型，如图 3－8 所示。最后单击“应用当前效果”按钮，并保存图像。

图 3－8　为“女孩. jpg”图像添加边框

实践活动

快速更换照片的背景图

日常生活中，我们常会遇到美丽的风景，但是拍的照片却可能不尽如人意，那么可以尝试一下，按照表 3－2 所示的操作方法给照片换背景图。

表 3－2　快速更换照片的背景图

步骤	操作	图示
1	打开美图秀秀，单击“抠图”，上传你要换背景的图片	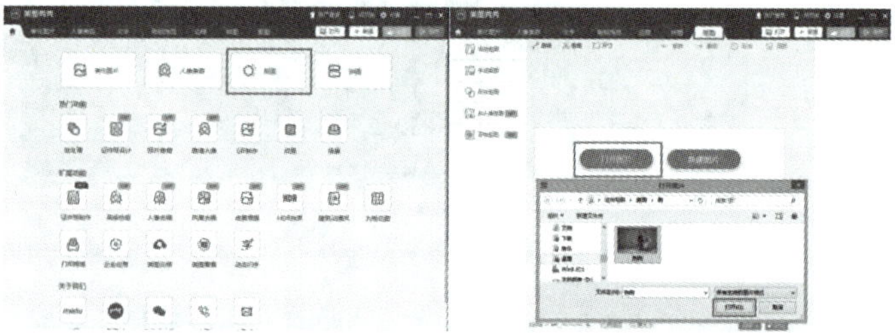
2	选择“自动抠图”，用抠图笔在主体身上滑动，抠出整体造型，点击完成抠图	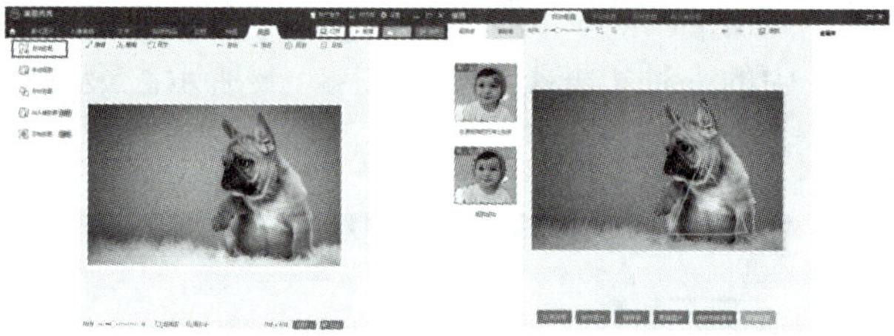
3	自动抠图后，单击“换背景”，把抠下来的主体放在适当的位置，并调整适当的大小。如果想把背景换成纯色，单击“纯色背景”，在右侧勾选颜色	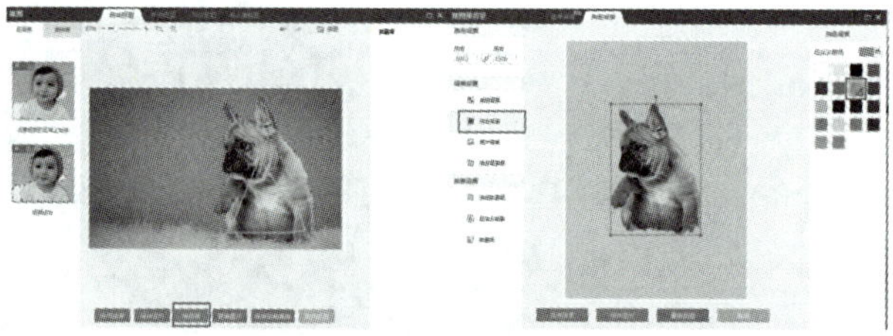
4	选择好你想要的颜色，单击下面的“保存图片”按钮，弹出保存对话框，确认路径、格式后，单击“保存”即可	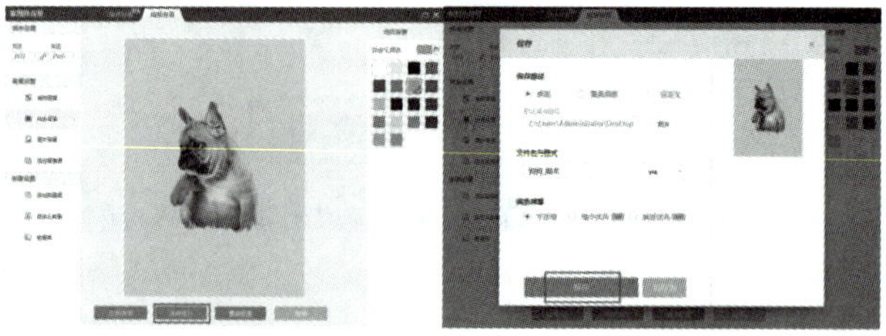

续表

步骤	操作	图示
5	如果想换其他背景，先准备好背景图片，然后单击左侧“添加背景图”，在右侧单击“导入自定义素材”，即可导入背景图	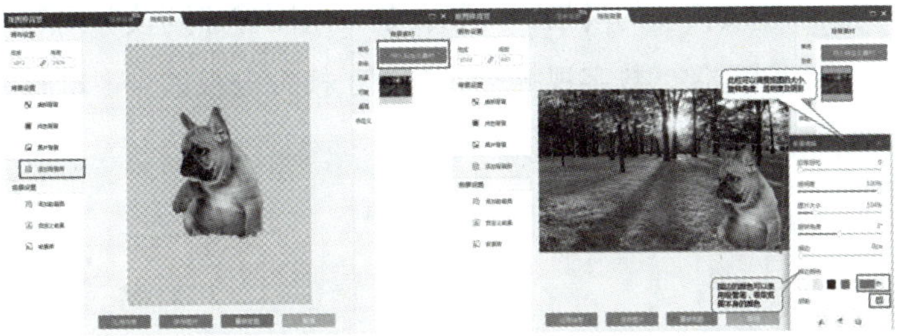
6	调整好主体大小，加上阴影后，单击“保存”即可	

【结果评价】

根据表 3-3 对快速更换照片背景的操作情况进行评价。

表 3-3　评价表

操作内容	配分	评分内容及评分标准	自我评价	教师/同学/家长评价
抠图	20 分	从照片中抠出主体		
背景插入	20 分	插入背景图		
比例调整	30 分	对合成图中的主体进行调整		
构图	30 分	构图美观		
总计		100 分		

第三节　数字视频技术应用

一、认识数字视频

（一）视频的定义

人眼具有一种视觉暂留的生物现象，即人观察的物体消失后，物体映像在人眼的视网膜上会保留一段非常短暂的时间（0.1～0.2s）。利用这一现象，将一系列画面中物体移动或形状改变很小的图像，以足够快的速度（24～30fps）连续播放，人就会感觉画面变成了连续活动的场景。视频就是一组图像序列按时间顺序的连续展示，又称为运动图像或序列图像。数字视频文件起源于模拟电视信号，电视采用的是隔行扫描，而计算机显示采用的则是逐行扫描。

（二）与视频有关的术语

1. 帧

视频是静态图像的连续播放，这些连续图像的每一幅就被称为一帧。

2. 帧率

帧率即每秒传输的帧数，通常用 fps（frames per second）表示。高的帧率可以使动画更流畅、更逼真。每秒钟帧数越多，所显示的动作就会越流畅。

3. 视频分辨率

视频分辨率是指每一帧画面的大小，一般用水平方向像素数×垂直方向像素数表示。垂直分辨率表示垂直方向上每英寸有多少个像素点，水平分辨率表示水平方向上每英寸有多少个像素点。视频质量通常用线分辨率来度量，其本质上是表示在显示器上可以显示多少不同的黑白垂直线。

4. 码流

码流是指视频文件在单位时间内使用的数据流量，也叫码率，在视频编码过程中，码流是画面质量控制中最重要的部分。在同样的分辨率下，视频文件的码流越大，压缩比就越小，画面质量就越高。

5. NTSC 制式

NTSC（National Television System Committee）制式是 1952 年由美国国家电视系统委员会制定的彩色电视广播标准。NTSC 制电视的供电频率为 60 Hz，场频为每秒 60 场，帧频为每秒 30 帧，扫描线为 525 行，彩色带宽为 3.58 MHz，伴音带宽为 6.0 MHz。

6. PAL 制式

PAL（Phase Alternating Line）制式是 20 世纪 60 年代德国制定的电视制式。PAL 制电视的供电频率为 50 Hz，场频为每秒 50 场，帧频为每秒 25 帧，彩色带宽为 4.43 MHz，伴音带宽为 6.5 MHz。

7. 逐行扫描

电视的每帧画面是由若干条水平方向的扫描线组成的，PAL 制为 625 行/帧，NTSC 制为 525 行/帧。如果这一帧画面中所有的行是从上到下一行接一行地连续扫描的，或者说扫描顺序是 1，2，3，…，525，我们就称这种扫描方式为逐行扫描。

8. 隔行扫描

普通电视的一帧画面需要由两遍扫描来完成，第一遍只扫描奇数行，即第 1，3，5，……，525 行，第二遍则只扫描偶数行，即第 2，4，6，……，524 行，这种扫描方式就是隔行扫描。一幅只含奇数行或偶数行的画面称为一“场”（field），其中只含奇数行的场称为奇数场或前场，只含偶数行的场称为偶数场或后场。也就是说一个奇数场加上一个偶数场等于一帧（一幅图像）。

（三）视频的数字化

根据视频信息的处理和存储方式的不同，视频可以分为两大类，一是模拟视频（analog video），二是数字视频（digital video）。

视频的数字化过程包括扫描、采样、量化和编码等步骤。

1. 扫描

传送电视图像时，将每幅图像分解成很多像素，按照一个一个像素、一行一行的方式顺序传送或接收。

2. 采样

将时间和幅度连续的模拟信号转变为时间离散、幅度仍然连续的信号，即时间离散化。

3. 量化

将幅度连续的信号转换为幅度离散的信号，即幅度离散化。

4. 编码

按照一定的规律，将时间和幅度离散的信号用对应的二进制或多进制代码表示。

（四）常见的数字视频文件格式

1. AVI

AVI 格式不提供任何控制功能，其文件的扩展名为. avi。

2. WMV

WMV 格式文件的扩展名为. wmv、asf、wmvhd。

3. MPEG

MPEG 格式文件的扩展名为. dat(用于 DVD)、vob、mpg、mpeg、3gp、3g2（用于手机）。

4. MPEG-2

MPEG-2 也是一种 MPEG 多媒体格式，用于压缩和存储音频与视频。它供广播质量的应用程序使用，并定义了支持添加封闭式字幕和各种语言通道功能的协议。

5. MP4

MP4，全称 MPEG-4 Part 14，是一种使用 MPEG-4 的多媒体电脑档案格式，其扩展名为. mp4，以储存数码音讯及数码视讯为主。MP4 其实是个封装格式，不是编码格式。简单理解，它就是一个扩展名，里面的内容是可变的。比如较早以前，mp4 用的是 divx 和 xvid 等编码，后来用过 H. 263 编码，现在几乎全是 H. 264 编码。

6. MKV

MKV 文件的扩展名为 . mkv。

7. MOV

MOV 格式文件的扩展名为 . mov。

拓展阅读

多张图片转换成视频

使用抖音短视频软件，可以把多张照片转换成视频，方便保存，具体操作见表 3 - 4。

表 3 - 4　多张图片转换成视频的操作方法

顺序	操作	图示	顺序	操作	图示
1	打开手机界面，找到“抖音短视频”选项		2	打开抖音短视频后，单击中间的加号按钮	

续表

顺序	操作	图示	顺序	操作	图示
3	在拍摄界面，单击“上传”按钮	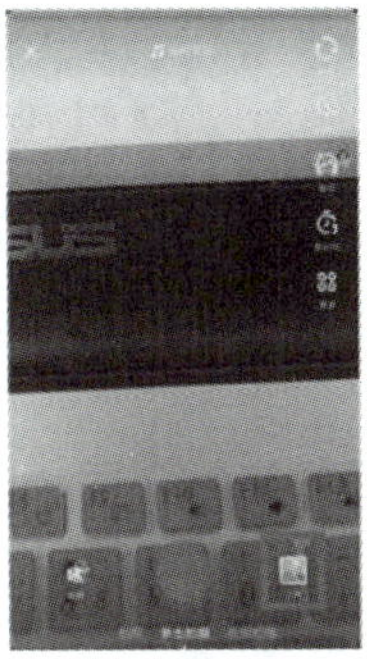	7	在这个界面，单击“下一步”按钮	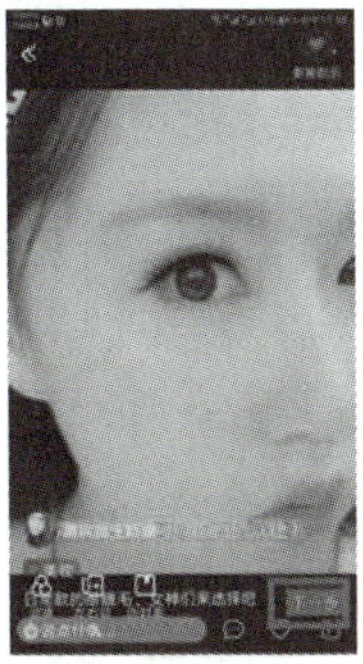
4	在上传界面中，单击“图片”按钮		8	输入想要表达的文字	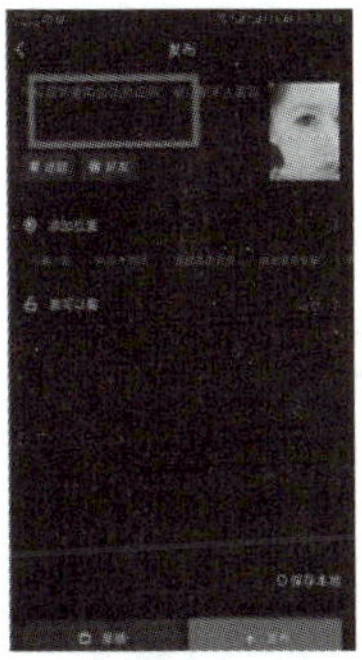
5	选择需要添加的图片	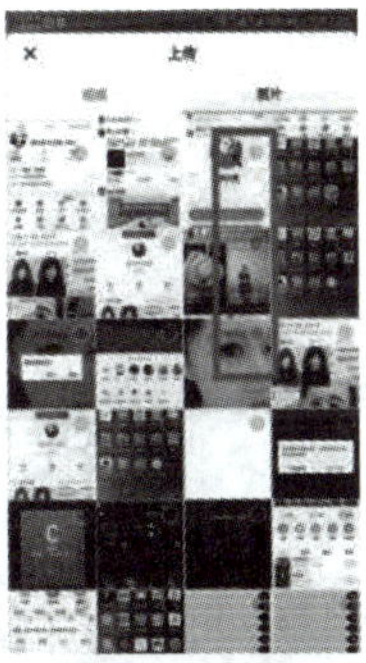	9	输入完毕后，单击右下角的“发布”按钮	
6	勾选完图片后，单击右上角的“生成照片电影”图标	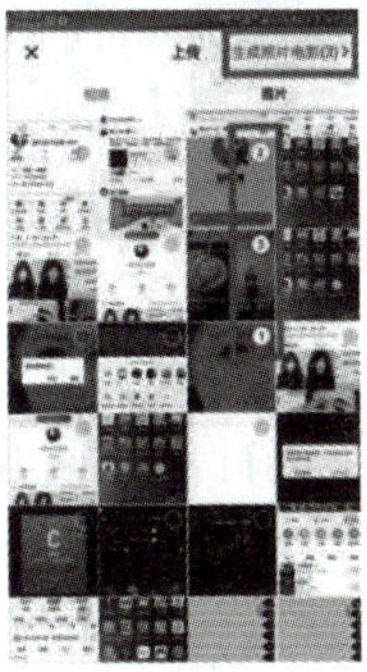	10	此时显示上传中，上传完毕后就可以看了	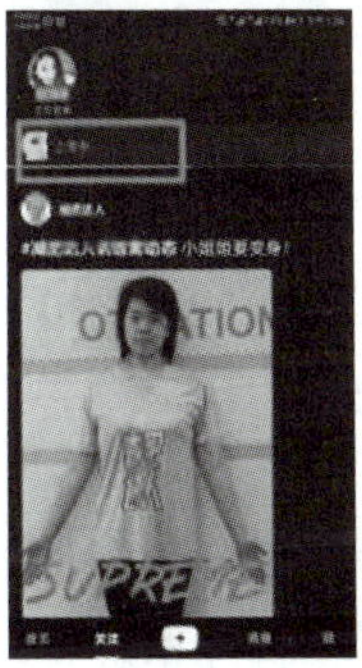

二、数字视频技术的应用

（一）屏幕录制

以学校简介 PPT 文档为例，使用 Camtasia Studio 录制视频的步骤如下：

（1）打开 Camtasia Studio 软件，单击“新建录制（R）”—“全屏”，黄色虚线框表示录屏区域。

（2）打开学校简介 PPT 文档，单击“幻灯片放映”—“从头开始”。

（3）单击“rec”，开始录制，如图 3－9 所示。

图 3－9　开始屏幕录制

（4）用鼠标播放 PPT 至文档结束后，按“F10”键停止录制，如图 3－10 所示。

图 3－10　录制完成

（5）在 Camtasia Studio 中可以对录制的视频进行预览、剪辑、添加字幕、添加音频等操作。

（6）简单处理完成后，就可以输出视频。单击“分享”—“本地文件”，根据向导提示一步一步设置视频的输出选项即可，如图 3－11 所示。

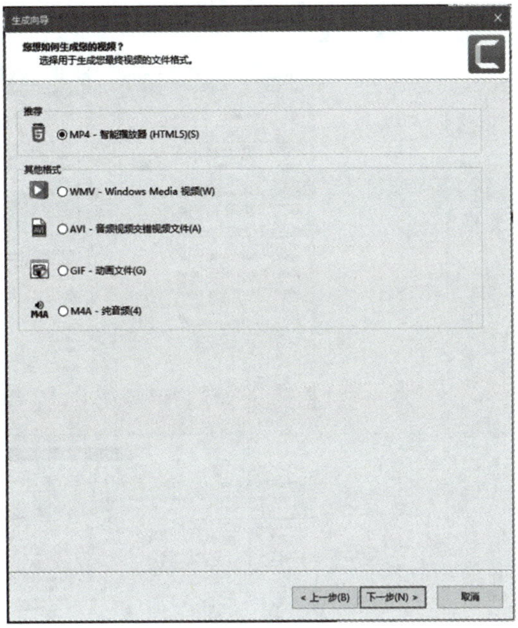

图 3－11　输出视频设置

（7）设置完成后，Camtasia Studio 将对视频进行渲染输出，输出的文件如图 3－12 所示。

图 3－12　输出文件

（二）视频格式转换

利用格式工厂进行视频格式转换的步骤见表 3－5。

表 3-5　利用格式工厂进行视频格式转换

步骤	图示
查看需要进行视频压缩及格式转换的视频的文件属性	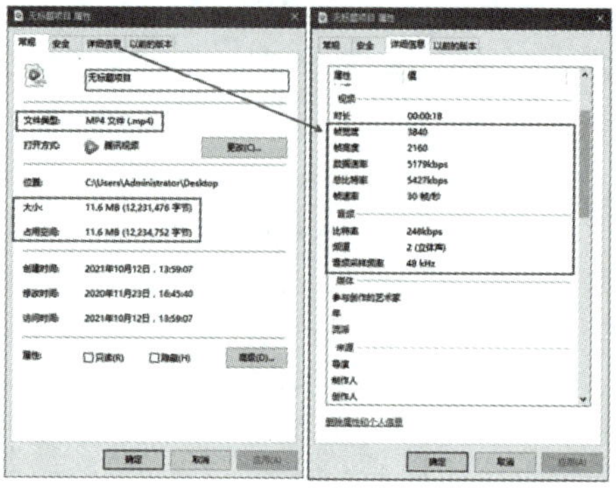
打开格式工厂软件，单击左边的文件类型“视频”—“MP4”—“添加文件”	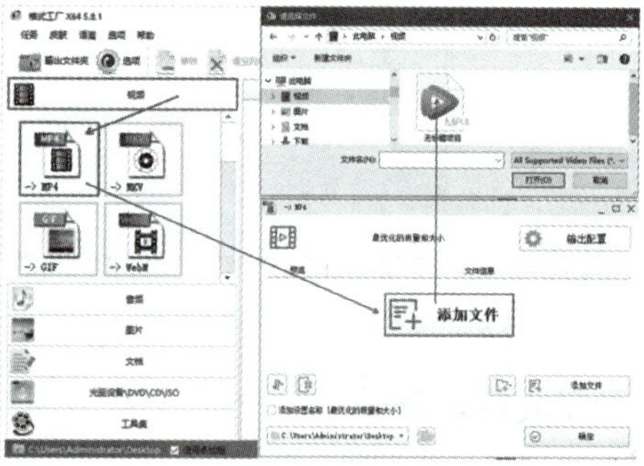
单击“输出配置”—“视频”—“音频”—“确定”	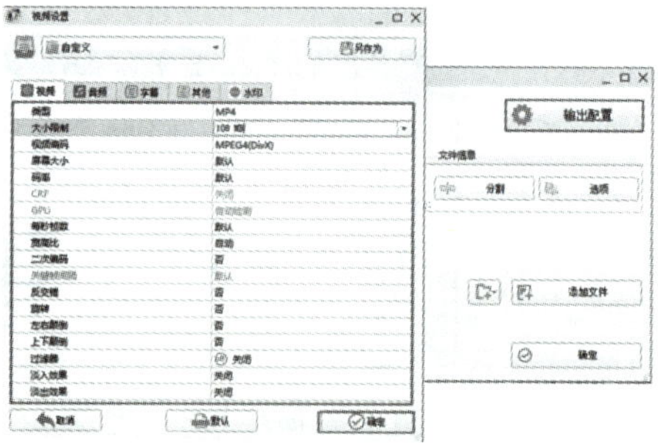
单击“确定”—“开始”，开始格式转换	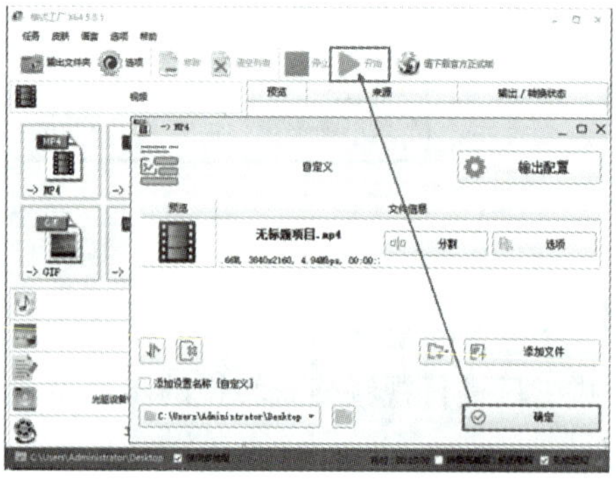

续表

步骤	图示
完成转换，查看转换后的视频属性，转换后视频文件大小为 108M	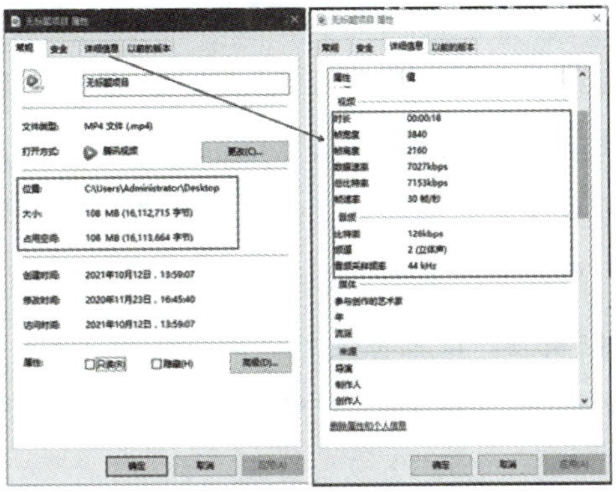

实践活动

制作抖音短视频

现在，抖音短视频已经成为火遍全球的一个娱乐软件，其门槛低，所需专业技巧少，只要是懂得上网玩手机的人就能够尝试着发布自己的视频。看着抖音里面的有趣视频，在感受视觉和精神双重愉悦的同时，你是否也想加入其中，创作出属于自己的小视频呢？

1. 下载抖音短视频 App

打开手机内置应用商店，搜索并下载“抖音短视频”即可（见图 3－13）。

图 3－13　下载抖音短视频 App

2. 登录，选择背景音乐

下载完抖音之后，第一次使用抖音的用户需要登录后才可以创作视频，可以选择手机号、微信、QQ 等进行登录。登录完成后，我们就可以从单击抖音界面下方的“＋”号开始进行视频的创作了。

进入录制界面之后，我们可以根据想要录制出的视频效果，选择合适的背景音乐，抖音有各种类型的音乐可供挑选。单击界面右上方的“选音乐”（见图 3－14），选择好音乐之后，单击“确定使用并开拍”。

3. 录制视频，设置特效

录制好抖音短视频后，可以设置抖音视频的声音、特效、滤镜、封面等（见图 3－15）。

图 3－14　添加背景音乐

图 3－15　设置特效

4. 设置标题，发布视频

设置好特效之后，单击“下一步”进行发布，可为自己的视频设置一个醒目的标题后再发布（见图 3－16）。

图 3－16　设置标题，发布视频

上传完成后，抖音短视频就发布成功啦！

【结果评价】

根据表 3－6 对此次视频制作活动进行评价。

表 3－6　评价表

操作内容		配分	评分内容与评分标准	自我评价	教师/同学/家长评价
App 下载		10 分	App 选择正确		
注册登录		10 分	注册成功，登录正确		
视频制作	音乐	20 分	背景音乐的选用恰当		
	视频录制	20 分	视频内容的类型、定位、风格恰当		
	特效使用及合成	30 分	是否使用特效，合成效果好		
	标题	10 分	标题醒目、契合内容、新颖		
总计			100 分		

第二篇　劳动服务社会

第四章　社会服务

第一节　政务助理

在大学生的社会服务活动中，政务助理一般包括勤工助学和政务实习两种形式。勤工助学主要是学生利用课余时间在校内参加勤工助学岗位；政务实习是学生利用寒暑假到校外政府部门参加实习。通过担任政务助理，大学生能拓宽专业视域，增长劳动知识，提升劳动技能，从而更好地为未来的职业发展奠定基础。

一、勤工助学

（一）勤工助学的含义

勤工助学，一般是指学生在学校的组织下利用课余时间，通过劳动取得合法报酬，用于改善学习和生活条件的实践活动。勤工助学是学校学生资助工作的重要组成部分，是提高学生综合素质和资助家庭经济困难学生的有效途径，是实现全程育人、全方位育人的有效平台。随着国家教育体制的改革和素质教育的全面开展，勤工助学已成为大学生社会服务、实践活动的重要环节。

（二）勤工助学的价值与意义

在新的时代背景下，勤工助学还可以产生衍生价值。它可以促进助学，还可以让学生在勤工的过程中有更多的收获。勤工是手段，助学是目的，这是勤工助学的核心价值。

勤工助学是为大学生量身定制的“有薪劳动”。首先，勤工助学是大学生的劳动启蒙。无论什么样的勤工助学岗位，都是一份“工作”，参与者只有劳动才能完成，只有付出才有收获。学生通过付出脑力和体力劳动取得经济收入，这种劳动体验与锻炼有利于大学生健康、全面地成长。其次，勤工助学是大学生的财富启蒙。学生勤工的收入可以直接补贴生活，减轻家庭的经济压力；也可以让学生增强对“劳动创造财富”“知识创造财富”的认识，体会到每一分钱都来之不易，养成勤俭节约的习惯。再次，勤工助学可以为学生毕业后的就业奠定“工作基础”，积累“工作经验”。

学校通过组织勤工助学，对学生进行劳动教育，培养学生正确的劳动观和态度，使其养成自立、自强、艰苦奋斗等良好思想作风；同时，帮助学生加强理论与实际的联系，掌握一定的生产知识和劳动技能。

（三）《高等学校学生勤工助学管理办法（2018 年修订）》

为规范管理高等学校学生勤工助学工作，促进勤工助学活动健康、有序开展，保障学生合法权益，帮助学生顺利完成学业，发挥勤工助学育人功能，培养学生自立自强、创新创业精神，增强学生社会实践能力，教育部、财政部制定了《高等学校学生勤工助学管理办法》，并于 2018 年 8 月进行了修订。学校学生资助工作领导小组全面领导勤工助学工作，负责协调学校的宣传、学工、研工、财务、人事、教务、科研、后勤、团委等部门配合学生资助管理机构开展相关工作。学校学生资助管理机构下设专门的勤工助学管理服务组织，具体负责勤工助学的日常管理工作。校内勤工助学岗位设置应以校内教学助理、科研助理、行政管理助理和学校公共服务等为主，分固定岗位和临时岗位。勤工助学岗位既要满足学生需求，又要保证学生不因参加勤工助学而影响学习。学生参加勤工助学的时间原则上每周不超过 8 小时，每月不超过 40 小时。寒暑假勤工助学时间可根据学校的具体情况适当延长。

拓展阅读

高等学校学生勤工助学的法律责任

学生在校内开展勤工助学活动的，学生及用人单位必须遵守国家及学校勤工助学相关管理规定。学生在校外开展勤工助学活动的，勤工助学管理服务组织必须经学校授权，代表学校与用人单位和学生三方签订具有法律效力的协议书。签订协议书并办理相关聘用手续后，学生方可开展勤工助学活动。协议书必须明确学校、用人单位和学生等各方的权利和义务，开展勤工助学活动的学生如发生意外伤害事故的处理办法以及争议解决方法。

在勤工助学活动中，若出现协议纠纷或学生意外伤害事故，协议各方应按照签订的协议协商解决。如不能达成一致意见，应按照有关法律法规规定的程序办理。

二、政务实习

（一）政务实习的含义

大学生政务实习一般由各级政府等相关部门联合开展，市直单位、县市区直单位、大中型企业等提供实习岗位，学校团委、学工部、研工部等部门遴选具有较强综合素质的学生志愿者，赴各级党政机关和企事业单位开展以政务参访、岗位体验、学习交流等为主要方式的社会服务活动。活动时间一般为寒假或暑期，为期1～2个月。

（二）政务实习的价值与意义

通过开展大学生政务实习活动，引导大学生在服务家乡经济建设和民生发展的生动实践中受教育、长才干、做贡献，帮助大学生在实习实践中深入了解国情社情，树立正确的就业观，储备就业工作经验，为将来就业做好充分准备，以实现更高质量和更加充分的就业。

通过多种形式的实习实践，进一步构建多层次、全方位、立体化的人才培养模式，引导青年学生感受党政机关良好的工作状态和精神面貌，帮助他们在实习实践中坚定理想信念、提升政治素养、锤炼过硬本领、培养良好作风，努力成长为德智体美劳全面发展的社会主义建设者和接班人，争做担当民族复兴大任的时代新人。

实践活动

我为“高等学校学生勤工助学”建言献策

请认真阅读《高等学校学生勤工助学管理办法（2018年修订）》，根据其对高等学校勤工助学管理的要求，设计一份调查问卷，进一步了解所在高校勤工助学的现状及存在的问题，并针对调研过程中发现的问题提出改进意见和建议，形成一份调研报告（不少于1 000字），为进一步完善学校资助体系贡献出自己的一份力量。同时，对调研过程进行全程记录，包括：调研的难点、调研的关键点、我的调研思路、我的意见和建议。

【结果评价】

根据表4-1对学生的调研报告进行评价。

表 4－1　评价表

操作内容	配分	评分内容及评分标准	自我评价	教师/同学/家长评价
报告结构	20 分	顺利完成并上交完整的调研报告		
观点论证 材料支撑	60 分	用事实材料阐明观点，逻辑清晰，观点鲜明（30 分）		
		有叙有议，叙议结合，引出符合客观实际的结论（30 分）		
语言表述	20 分	语言流畅，简洁凝练，可读性强		
合计		100 分		

第二节　专业劳动

习近平总书记说：“要在学生中弘扬劳动精神，教育引导学生崇尚劳动、尊重劳动，懂得劳动最光荣、劳动最崇高、劳动最伟大、劳动最美丽的道理，长大后能够辛勤劳动、诚实劳动、创造性劳动。”这是对新时代高等教育的育人功能提出的更高要求。如何将劳动教育贯穿于专业教育全过程，发挥专业劳动教育在培养德智体美劳全面发展的社会主义建设者和接班人中的作用，是值得思考与探讨的问题。

《国家中长期教育改革和发展规划纲要（2010—2020 年）》指出，创新人才培养模式，要注重知行合一，坚持教育教学与生产劳动、社会实践相结合，开发实践课程和活动课程，增强学生科学生产试验、生产实习和技能实训的成效。

《中国教育现代化 2035》指出，弘扬劳动精神，教育引导学生崇尚劳动、尊重劳动、树立依靠辛勤劳动创造美好未来的观念。强化实践动手能力、合作能力、创新能力的培养。

一、认识专业劳动

（一）专业劳动的含义

专业劳动是指围绕就业岗位从事的与专业相关的劳动实践，如跟岗实习、顶岗实习和各类专业技能训练等。专业劳动是教育与生产劳动相结合的实践教学形式，是学生将理论知识应用于生产实践而获得实践经验的重要途径，在培养学生观察、发现问题以及应用所学知识解决问题的能力方面发挥着重要作用。学生通过参加各种专业劳动，将各学科知识融会贯通，并在实践中发现问题、解决问题，使课堂上学习的理论知识得到了印证。学生在专业劳动过程中也能够积累实践经验，提高实践操作技能和专业综合能力，培养面向基层、面向农村，艰苦奋斗、求真务实的工作作风。

（二）专业劳动教育

学校劳动教育需要紧密结合学生专业特点，对学生开展专业劳动教育，促进学生劳动素养与专业劳动技能的融合培养，帮助学生形成正确的劳动观、价值观，并使其在专业劳动实践中不断成长与发展。以交通土建类专业劳动教育为例，学校聚焦于学生专业相关的就业岗位，举办专业技能竞赛，强化工程测量、工程识图、试验检测、力学检算等专业基础性技能训练，促进学生专业技能提升，夯实学生职业发展基础。高校与企业共建生产实训基地，开发与生产活动对接的实践训练项目，实施实训室开放式管理，搭建劳动技能培养平台。加强与交通土建施工企业的合作，落实学生实习岗位，针对交通土建工程施工周期性特点，灵活设计教学组织模式。春夏施工旺季，学生在企业开展跟岗、顶岗实习，冬季息工季节，学生在校强化专业知识和单项技能。学生实习期间参与企业生产任务，校企安排“双导师”进行指导，让学生在岗位上锻炼，在劳动中提升。

拓展阅读

顶岗实习

顶岗实习，是指在基本上完成教学实习和学过大部分基础技术课之后，到专业对口的现场直接参与生产过程，综合运用本专业所学的知识和技能，完成一定的生产任务，并进一步获得感性认识，掌握操作技能，学习企业管理，养成正确劳动态度的一种实践性教学形式。

2006 年 5 月，河北师范大学在全国率先实施“顶岗实习”工程。这种开创性的新教育实习模式，旨在破解农村教育“人才荒”，实现师范院校培养人才和服务社会的统一。在河北师范大学“顶岗实习”试点取得成功之后，从当年下半年起全河北省高等师范院校教师教育专业开始全面实施“顶岗实习”，9 万多名师范类专业在校学生下乡支教，为农村教育“输血”。后来该模式推广到了全国的高等院校，并且已经从师范类扩展到了各类高等职业教育。

学校在组织学生顶岗实习时，应严格遵循专业对口的原则。如果学校仅仅将学生视为廉价劳动力，甚至以此作为激发企业提供岗位的动力的手段，不仅与其制定的人才培养目标相背离，而且这样的“校企合作”也是不可能持续的。将顶岗实习转化为简单劳动，不但不能达到学校设计的目的，还会使学生对实习失去兴趣，从而影响其对本职业的正确认知。

二、推进劳动教育与专业教育的融合

（一）推进劳动教育与不同专业相融合

劳动教育与专业教育在过程和目标上具有内在统一性。大学各类专业课程，从知识体系建构、知识体系向劳动体系转化、知识体系向科技创新升华、知识体系向社会财富转变等，无不渗透着或展现出当代社会的劳动价值与发展趋向。因此，高校应在专业知识传授中强化劳动观念导向、劳动立场导向、劳动态度导向、劳动精神导向，自觉融入劳动要素，在传道中授业，在授业中体验，在体验中感悟，在感悟中认同，努力构建具有本专业特色的劳动教育价值体系。同时，注意加强专业教育中劳动知识的传授和劳动技能的训练，培养大学生的劳动精神、劳模精神、工匠精神，使当代大学生成为劳动精神、劳模精神、工匠精神的自觉实践者。

高校要根据专业发展特点开设课程，传授专业劳动知识，培育学生专业劳动技能，培养具有创新精神和实践能力的高素质专门人才。在各类专业设置中，自然科学领域的科学研究，如物理实验、化学实验、天文观测、地质勘探等具有鲜明的劳动特点；工科中的机械、电气、建筑、水利等研究应用技术和工艺，是专业教育与劳动教育相结合的生动实践；在社会科学领域，社会调查具有劳动的性质；在艺术领域，绘画、设计和音乐创作等也是一种创造性劳动。可以说，不同的专业都蕴含着丰富的劳动教育元素，高校需要对不同的专业课程进行全方位挖掘，促进劳动教育与不同专业课程的融合。

（二）推进劳动教育与实习实训相融合

实习实训是高等教育实践教学环节的重要组成部分，包括专业实验、专业实训、专业实习等。专业实验是指专业课程教学中需通过实验完成的教学环节；专业实训是指依托相关部门开展的实践教学活动；专业实习是指学生在与所学专业相关的部门从事的实践工作。实习实训是学生学习劳动知识技能的重要方式，是培养劳动价值观的主要阵地，是养成劳动品质的练兵场。

当前，各高校根据国家要求，不断推进实习实训课程建设，积极拓展实习合作企业与行业部门，建成一系列实验教学中心和实习实训平台，以满足高校人才培养需求，但是实习实训与劳动教育的融合度仍有待提升。因此，高校要抓好实习实训中的劳动教育，推进劳动教育与实习实训相融合，在实习实训中融入劳动价值观、劳动态度的教育，让劳动品质根植于学生心灵，让劳动成为学生的一种习惯。

如何推进劳动教育与实习实训相融合？一是要优化实习实训教学体系，加强劳动教育融合。做好实习实训的物资保障，加强校内实验教学资源整合，推动与校外行业部门、企业的协同合作，建设满足实践教学需要的实验实习实训平台。在构建教学体系时融入劳动教育，明确劳动教育的目标、教学体系和教学任务。二是要加强实习实训过程管理，确保劳动教育落实。高校应建立实习实训标准，健全实习实训管理制度，规范学生实习实训的目标与任务，发挥教师在实习实训中的指导作用。三是要完善实习实训考评体系，强化劳动教育地位。学校可将劳动教育的实施情况和效果纳入教师的考评中，将劳动态度、劳动行为纳入学生实践教学课程考核、综合素质考评等评价中，调动师生参与的主动性、积极性。四是要发挥校企合作协同育人作用，巩固劳动教育效果。发挥企业文化的育人作用，选择文化底蕴丰厚、拥有正确的劳动观念和劳动态度的企业或行业部门开展实习合作；加强兼职实践导师队伍建设，聘请专业技术精通、指导经验丰富、责任感强的企业或行业部门技术人员或专家担任实践指导教师。

实践活动

我的专业劳动计划

请结合所学专业，挖掘专业教育中的劳动教育元素，制订一份大学期间的专业劳动计划，进一步掌握劳动知识，提升劳动技能，为未来的职业发展做准备；同时，对分析与实施过程进行记录，包括计划思路、计划实施要点、计划可行性分析。

【结果评价】

根据表 4 - 2 对学生的劳动计划进行评价。

表 4 - 2　评价表

操作内容	配分	评分内容及评分标准	自我评价	教师/同学/家长评价
专业的方向性	30 分	计划完整		
各阶段节点	20 分	计划目标明确		
计划的操作性	30 分	计划具有可行性		
自我成长	20 分	计划具有反馈提升机制		
总计		100 分		

第三节　创新创业

实现全面建成小康社会奋斗目标，实现社会主义现代化，实现中华民族伟大复兴，需要一批又一批德才兼备的有为人才为之奋斗。青年一代有理想、有追求、有担当，要扎根中国大地了解国情民情，在创新创业中增长智慧才干、锤炼意志品质，用青春书写无愧于时代、无愧于历史的华彩篇章。

一、认识创新创业

（一）创新创业的定义

创新创业由“创新”和“创业”组成。创新是以新思维、新发明和新描述为特征的一种概念化过程。创新有三个层次，即基础性创新、支撑性创新和应用性创新。创业是不拘泥于当前资源约束，寻求机会，进行价值创造的行为过程。2015 年 3 月，《政府工作报告》中首次提出了“双创”，即推动“大众创业、万众创新”。

（二）创新创业的特征

1. 高风险

创新创业是建立在创新基础上的创业，但是创新受到人们现有认知、行为习惯等方面的影响，会面临不被接受的阻碍，因而创新创业会面临比传统创业更高的风险。正如彼得·德鲁克所言：真正重大的创新，每成功一个，就有 99 个失败，有 99 个闻所未闻。

2. 高回报

创新创业是通过对已有技术、产品和服务的更优化组合，对现有资源的更优化配置，给人们带来更大的新价值，从而开创所在领域的“蓝海”，获取更多的竞争优势，也获取更大的回报。

3. 促进上升

创新创业是在创新基础上的创业活动，创新是创业的基础和前提，创业是创新成果的载体和呈现，同时，创业活动过程又是不断优化资源配置、总结提炼的过程，是对创新的提升。

二、创新创业的意义

创新创业是发展的动力之源，也是富民之道、公平之计、强国之策。党明确提出实施创新驱动发展战略，将其作为关系国民经济全局紧迫而重大的战略任务。党的十八届五中全会将创新作为五大发展理念之首，进一步指出坚持创新发展，必须把创新摆在国家发展全局的核心位置，不断推进理论创新、制度创新、科技创新、文化创新等各方面创新，让创新贯穿党和国家一切工作，让创新在全社会蔚然成风。2015 年 6 月，国务院颁布了《关于大力推进大众创业万众创新若干政策措施的意见》，明确指出推进大众创业、万众创新，是培育和催生经济社会发展新动力的必然选择，是扩大就业、实现富民之道的根本举措，是激发全社会创新潜能和创业活力的有效途径，具有重要的理论意义和现实意义。

首先，从综合国力角度上看，创新创业是我国生存和发展的需要，有利于提高我国综合实力。当前，全球新一轮科技革命和产业变革蓄势待发，我国经济进入速度变化、结构转型和动力转换的关键时期。面对新的形势，我国必须深入推进大众创业、万众创新，着力营造有利于杰出科学家、发明家、技术专家和企业家不断涌现，大众创业、万众创新蔚然成风的社会环境和文化氛围，让每一个充满梦想并愿意为之努力的人获得成功，实现经济平稳持续增长、国家强盛、人民富裕和社会公平正义。

其次，从经济转型角度上看，创新创业是坚持创新发展、实施创新驱动发展战略的关键实现途径，有利于推进供给侧结构性改革，促进我国经济发展。大众创业、万众创新，既可以大幅增加有效供给，增强微观经济活力，加速新兴产业发展，又可以扩大就业、增加居民收入，还可以促进社会纵向流动和公平正义，是经济发展的引擎。

最后，从个人发展角度上看，创新创业有利于缓解学生就业压力，促进其个人价值与社会价值的实现。毕业生通过自主创业，可以把自己的兴趣与职业紧密结合，做自己最感兴趣、最愿意做和最值得做的事情，可以在五彩缤纷的社会舞台上大显身手，最大限度地发挥自身才能。同样，创新创业意识和能力的培养也有助于学生不断完善自身的知识和能力结构，更好地完善自我、适应社会、实现个人价值与社会价值。

三、如何提高创新创业能力

（一）构建整体融合的育人机制

高校开展学生创新创业实践活动，培养学生创新创业能力，需要构建整体性思维，在育人机制中坚持政治引领、价值引领、文化引领、专业引领相结合，形成整体融合的育人机制。在创新创业教育中，高校可打造学院、教师、平台、团队“四位一体”的创新创业实践服务体系，全方位、全过程地将创新创业教育与德育工作相结合、与实践育人相融合，有效提高学生的创新创业能力。如组织学生参加志愿服务等社会创新实践活动，为他人提供创新创业政策咨询、技术支持、专业培训等，培养学生的工匠精神和爱国主义情怀。通过营造浓厚的创新创业整体氛围，引导学生在创新创业实践中成长成才。

（二）整合多方互补的优势资源

高校组织开展学生创新创业劳动实践，需要整合多方资源，实现与政府协同、与企业协同、与社会协同。具体来说，一是与政府协同，制定创新创业教育相关政策。学校需要与政府紧密联系，依托政府提供的政策优惠、资金扶持等，将创新创业教育与大学生思想政治教育紧密结合。二是与企业协同，关注大学生未来职业发展。学生创新创业实践活动不能只局限于理论、局限于“象牙塔”内，而是需要把握市场动态，了解企业需求。只有与企业开展联系与合作，才能促进创新创业活动与社会融合、与市场融合，从而为创新创业教育提供动态的、持续的资源支持。三是与社会协同，注重与社会实践相结合。学校需要结合专业设置、学生特点等情况，加强与不同地区、社区、乡镇等区域资源的协同，为学生提供创新创业劳动实践的机会，以培养素质高、创新创业能力强、具有国际视野和扎实基础的人才。

拓展阅读

“挑战杯”全国大学生系列科技学术竞赛

“挑战杯”竞赛是“挑战杯”全国大学生系列科技学术竞赛的简称，是由共青团中央、中国科协、教育部和全国学联、地方人民政府共同主办的全国性大学生课外学术科技创业类竞赛，承办高校为国内著名大学。“挑战杯”竞赛在中国共有两个并列项目：一个是“挑战杯”全国大学生课外学术科技作品竞赛（大挑）；另一个则是“挑战杯”中国大学生创业计划竞赛（小挑）。这两个项目的全国竞赛交叉轮流开展，每个项目每两年举办一届。“挑战杯”竞赛被誉为中国大学生科技创新创业的“奥林匹克”盛会，是目前国内大学生最关注、最热门的全国性竞赛，也是全国最具代表性、权威性、示范性、导向性的大学生竞赛。

（三）形成多层递进的教学链条

在创新创业教育中，教学是重要的一环，影响着学生创新创业能力培养的质量。高校在培养学生创新创业能力的过程中，应形成多层递进的教学链条，打通学生、教师、课程、项目之间的关系。一是遵循学生成长成才规律，打造“基础层—突破层—实战层”的学生成长发展轨迹，多层次、递进式培养学生创新创业能力。二是发挥教师引领与指导作用，打造“启蒙型导师—应用型导师—高层次人才导师”的梯度结构，更好地为高水平创新创业人才培养提供教学支撑。

（四）搭建多阶互促的产学研平台

在社会服务实践中培养学生的创新创业能力，可搭建多阶互促的产学研平台，推动产学研紧密结合。一是构建多层次的创新创业竞赛及服务体系，打造校内外联合的赛事平台，致力于学生创新创业能力的培养。二是形成“N＋1＋N”一体化的创新创业实践育人平台。第一个“N”是指二级学院创新工作室、大师工作室、教授工作室等，对学生进行创新精神、创业意识和创新创业能力的思维引导教育；“1”是指校内学生创新创业训练与孵化基地；第二个“N”是指协同政府、企业等资源建立的校外创新创业实践育人平台。三是建设学生创业社团、假期创业实践平台。高校可依托大学生创业社团组织，为学生提供交流研讨、团队协作以及参与创业实践的机会，培养学生的创新创业能力；可搭建假期创业实践平台，组织创业经验交流会等，帮助学生通过寒暑假的创业实践培养创业意识，积累创业经验，提升创业技能。

实践活动

脑洞大开的创意秀

请以“脑洞大开的创意秀”为主题，用三件生活中常用的物品进行创新设计，开动脑筋，展示出自己的创意，并说出创新之处；同时，对设计的内容及过程、成绩与收获、问题与思考进行记录和总结。

【结果评价】

根据表 4－3 对学生“脑洞大开的创意秀”进行评价。

表 4－3　评价表

操作内容	配分	评分内容及评分标准	自我评价	教师/同学/家长评价
创意设计	50 分	新颖性和独创性（10 分）		
		创新性（20 分）		
		可行性与推广性（20 分）		
作品演示	50 分	美观新颖性（10 分）		
		语言表达及逻辑思维能力（20 分）		
		演示表现力（10 分）		
		其他形式材料（10 分）		
总计		100 分		

第四节　乡村建设

乡村兴则国家兴，乡村衰则国家衰。我国人民日益增长的美好生活需要和不平衡不充分的发展之间的矛盾在乡村最为突出，我国仍处于并将长期处于社会主义初级阶段的特征很大程度上表现在乡村。全面建成小康社会和全面建设社会主义现代化强国，最艰巨最繁重的任务在农村，最广泛最深厚的基础在农村，最大的潜力和后劲也在农村。实施乡村振兴战略，是解决新时代我国社会主要矛盾、实现“两个一百年”奋斗目标和中华民族伟大复兴中国梦的必然要求，具有重大现实意义和深远历史意义。

一、新农村建设和“美丽乡村”建设

新农村建设是指在社会主义制度下，按照新时代的要求，对农村进行经济、政治、文化和社会等方面的建设，最终实现把农村建设成经济繁荣、设施完善、环境优美、文明和谐的社会主义新农村的目标。

“美丽乡村”建设的实质是我国社会主义新农村建设的一个升级阶段，它的核心在于解决乡村发展理念、乡村经济发展、乡村空间布局、乡村人居环境、乡村生态环境、乡村文化传承以及实施路径等问题。因此，“美丽乡村”建设是改变农村资源利用模式，推动农村产业发展的需要；是提高农民收入水平，完善农民居住、公共服务设施配套和基础设施建设，改善农村生活环境的需要；是保障农民权益，实现民主管理、民生和谐的需要；是保护和传承文化，改善农村精神文明建设的需要；是提高农民素质和新技能水平，促进自身发展的需要。

拓展阅读

乡村振兴战略

2017 年 10 月 18 日，党的十九大报告中提出了乡村振兴战略，其中指出农业农村农民问题是关系国计民生的根本性问题，必须始终把解决好“三农”问题作为全党工作重中之重。2018 年 1 月 2 日，国家公布了 2018 年中央一号文件，即《中共中央 国务院关于实施乡村振兴战略的意见》，其中提出大力实施乡村振兴战略，要坚持农业农村优先发展，巩固和完善农村基本经营制度，保持土地承包关系稳定并长久不变，第二轮土地承包到期后再延长 30 年。确保国家粮食安全，把中国人的饭碗牢牢端在自己手中。加强农村基层基础工作，培养造就一支懂农业、爱农村、爱农民的“三农”工作队伍。按照党的十九大提出的决胜全面建成小康社会、分两个阶段实现第二个百年奋斗目标的战略安排，明确实施乡村振兴战略的目标任务是，到 2020 年，乡村振兴取得重要进展，制度框架和政策体系基本形成；到 2035 年，乡村振兴取得决定性进展，农业农村现代化基本实现；到 2050 年，乡村全面振兴，农业强、农村美、农民富全面实现。

二、乡村建设的内容

（一）生产发展

推进现代农业建设，强化社会主义新农村建设的产业支撑。大力提高农业科技创新和转化能力；加强农村现代流通体系建设；稳定发展粮食生产；积极推进农业结构调整；发展农业产业化经营；发展农村工业园区；加快发展循环农业。

（二）生活宽裕

促进农民持续增收，夯实社会主义新农村建设的经济基础。拓宽农民增收渠道；保障务工农民的合法权益；稳定、完善、强化对农业和农民的直接补贴政策；加强扶贫开发工作。

（三）乡风文明

加快发展农村义务教育，大规模开展农村劳动力技能培训；繁荣农村文化事业，加强县文化馆、图书馆和乡镇文化站、村文化室等公共文化设施建设；推动实施农民体育健身工程；扶持农村业余文化队伍，鼓励农民兴办文化产业，开展和谐家庭、和谐村组、和谐村镇创建活动。

（四）村容整洁

加快农村能源建设步伐，在适宜地区积极推广沼气、秸秆气化、小水电、太阳能、风力发电等清洁能源技术；以沼气池建设带动农村改圈、改厕、改厨；加强村庄规划和人居环境治理；引导和帮助农民切实解决住宅与畜禽圈舍混杂问题，搞好农村污水、垃圾治理，改善农村环境卫生。

（五）管理民主

以建设社会主义新农村为主题，在全国农村深入开展保持共产党员先进性教育活动，加强农村基层组织的阵地建设；健全村党组织领导的充满活力的村民自治机制，进一步完善村务公开和民主议事制度，完善村民“一事一议”制度，健全农民自主筹资筹劳的机制和办法。

三、乡村建设的意义

（一）建设社会主义新农村是全面贯彻落实科学发展观的必然要求

科学发展观是以人为本，全面协调可持续的发展观。从科学发展观的核心——以人为本来看，我国是农民占人口大多数的国家，因此，落实科学发展观，坚持以人为本，最重要的就是解决好农民问题，建设社会主义新农村，使农民拥有良好的生活和工作环境；从科学发展观的全面、协调、可持续的基本要求来看，农业是国民经济的基础，但又是国民经济的薄弱环节，农村是我国最辽阔的地域，但又是最穷的地域，因此，建设社会主义新农村，实现城乡协调发展，实现人与自然可持续发展，是科学发展观的题中应有之义。

（二）建设社会主义新农村是我国全面建设小康社会的重要举措

全面建设小康社会的重点和难点都在农村。我国是农村人口占多数的国家，没有农村的全面小康，也就没有全国的全面小康。

（三）建设社会主义新农村是我国构建社会主义和谐社会的重要基础

构建社会主义和谐社会，是广大人民群众的共同愿望。构建和谐社会的基本前提在于各阶层、各群体的利益在变化中协调，收入在稳定中提高，生活在发展中改善。但从我国的实际情况来看，城乡之间、工农之间、地区之间等方面的差距较大，其突出的表现就是：农村相对落后，农民收入相对较低，农业基础相对薄弱。因此国家支持“三农”发展，大力推动乡村建设，可为社会的和谐稳定奠定基础。

（四）建设社会主义新农村是实现农村全面发展的重要途径

社会主义新农村，是“生产发展、生活宽裕、乡风文明、村容整洁、管理民主”的新农村。也就是说，新农村是农村经济、政治、文化全面发展的农村，是农村“硬件”“软件”共同发展的农村，是农村村容村貌与农民精神状态文明进步的农村。社会主义新农村建设，可促使城市的基础公共设施和公共服务延伸到农村，形成城乡互动协调发展的长效新机制；可解决农民行路难、饮水难、读书难等问题，改善农村生产、生活环境，提高农村公共服务、公共卫生水平，提高农民综合素质，促进农村文明进步，实现农村可持续发展。

实践活动

乡村社会实践调研报告

暑假或节假日期间，以小组为单位前往乡村，以乡村为话题，选择与其相关的主题，进行乡村社会实践调研，形成一份有数据支撑、有理论性、有现实性的社会调研报告。

【结果评价】

根据表 4－4 对学生的“乡村社会实践调研报告”进行评价。

表 4－4 评价表

操作内容	配分	评分内容及评分标准	自我评价	教师/同学/家长评价
规范性	20分	格式符合要求		
科学性	30分	选题具有积极的社会意义（10分）		
		报告结构严谨规范，逻辑性强（10分）		
		全面如实阐述几个现象或问题（10分）		
先进性	30分	创新程度（10分）		
		难易程度（10分）		
		学术水平（10分）		
现实意义	20分	经济效益与社会效益（10分）		
		报告中有个人见解或结论（10分）		
总计		100分		

第五章　志愿活动

《中华人民共和国教育法》第 5 条提到，教育必须与生产劳动和社会实践相结合。让教育与生产劳动、社会实践相结合，是马克思主义教育理论的基本原理。将劳动教育与大学生社区服务、赛事服务、公益宣传相链接，让劳动教育的理念扎根中国大地，带着温度落地，为学生群体内心注入劳动教育向上向善的力量感，从而形成劳动活动项目更佳的体验感，实现同学、师生间的情感黏性。需要用创新性、创造性的劳动，激活学生的内生动力，让“德智体美劳全面发展”的目标和热爱劳动的价值观念，为高校的育人工作指明方向。

第一节　社区服务

党的十九届四中全会提出了“健全社区管理和服务机制，推行网格化管理和服务”的具体要求。通过聚焦服务目标，结构化设置活动流程，不断提升个体的劳动意识、劳动技能和自我效能感，形成紧密的互助共同体，从而增强对自身的认同、对社区服务文化圈的认同，凝聚对生活的共同愿景，逐步构建“自组织、自管理”的社区服务模式，引导学生在社区服务实践中受教育、长才干、做贡献。

一、什么是社区服务

（一）社区服务的定义

社区服务是指以各类社区服务设施为依托，以社区全体居民、驻社区单位为对象，以公共服务、志愿服务、便民利民服务为主要内容，以满足社区居民生活需求、提高社区居民生活质量为目标，党委统一领导、政府主导支持、社会多元参与的服务网络及运行机制。社区服务是一种自组织、自管理模式，既包括学生社区服务，也包括居民社区公共服务。

（二）社区服务的特征

（1）社区服务并非完全自发形成的服务模式，而是在有标准、有引导、有政策、有组织的背景下形成的一套科学、完备、系统的社区服务体系。

（2）社区服务不是一般意义上的服务产业，区别于经营性的社区服务产业。但公益性并不必然排斥商业性，鉴于社区服务模式的多元化，需要融合公益性和商业性两种属性，呈现两种属性的不同作用状态，继而实现不同向度的社区治理模式效能。

（3）社区服务的参与主体并非少数个体，而是通过延伸手臂、助人自助，从“赋权增能”和“优势视角”理论出发，进行“社区营造”，促进自下而上的差序格局人脉网络的形成，从而形成稳定的自治性组织。

拓展阅读

社区营造

社区营造是指居住在同一地理范围内的居民，持续以集体的行动来处理其共同面对的社区生活议题，解决问题的同时也创造共同的生活福祉，逐渐地，居民彼此之间以及居民与社区环境之间建立起紧密的社会联系的过程。

社区营造的主要目的是整合“人、文、地、景、产”五大社区发展方向：“人”指的是社区居民需求的满足、人际关系的经营和生活福祉的创造；“文”指的是社区共同历史文化的延续，文艺活动的经营以及终身学习等；“地”指的是地理环境的保育与特色发扬，在地性的延续；“景”指的是社区公共空间的营造、生活环境的永续经营、独特景观的创造等；“产”指的是在地经济与产业活动的集体经营等。

二、为什么要进行社区服务

（一）社区服务的意义

（1）从宏观层面看，实现国家治理体系和治理能力的现代化，既要观“全局”，又要聚“细节”，既要“致广大”，又需“尽精微”。特别是在疫情大考面前，各方面、各战线、各领域都能迅速发动起来，与疫区同频共振，这是集中力量办大事的制度优势，更是基层治理，特别是以社区为单位的网格化管理大显身手，迸发出的超强威力。大学生们积极响应、身体力行地参与社区服务工作，从摸排“全覆盖”到聚焦“全方位”再到服务“全天候”，在社区筑起了精准防控的坚强堡垒，让社区服务的互助之光、协作之光照亮了人们内心朴素而深刻的劳动价值。

(2) 从中观层面看，为适应 VUCA（volatility，uncertainty，complexity，ambiguity，即易变、不确定、复杂、模糊）时代经济社会发展的外部诉求和“全人”教育的内在需要，让青年学生在踏踏实实的劳动中体认新时代、融入新时代、投身新时代，勇于实践、积极探索，高校需积极利用人才培养质量工程建设的契机，与社区服务中心合作，加强联合培养，建设学科实践基地，积极推动“基于项目的导生制”，使理论教学与社区服务实践活动紧密结合，利用不同专业特色的“小杠杆”撬动社区治理的“大格局”，既为学生成长成才提供制度化、个性化、常态化的实践支持和指导，培养知识与能力并重的高素质应用型创新人才，也助力社区公共空间的营造，进而推动社区治理服务的创新。

(3) 从微观层面看，社区作为人们生活的基本单元，以社区服务为切入点，可以将“社区营造”的理念植入人才培养、教育教学的全过程。通过教练技术、助人自助、增能理论和优势视角，由“输血式”向“自我造血式”转变，在学生社区服务活动中产生多个自下而上、高净值、个性化的思想圈、行动圈、文化圈。通过自我赋能、自我管理、自我迭代，形成系统内部自主的“滚动式”学习，逐步形成共同的愿景、共同的目标、共同的行为规范。此外，延伸手臂，贴近实际、贴近生活、贴近学生，聚焦于合作精神和文化氛围的营造，凝聚社区服务意识、培养公共精神，增强学生对社区的归属感，突出学生的主体性作用，激活主体的内生动力，促进校园的和谐稳定。其本质是通过外在社区服务文化环境的营造，使学生拥有一种集“获得、归属、幸福”于一身的深刻内在劳动体验，进一步提高大学生的综合素质。

（二）社区服务的目标

通过“政策支持、教师引导、社区团体和教练型学生领袖”的介入和动员，以“项目化”方式推进合作，引导学生形成自组织、自管理模式，并将其不断内化为一定的社区文化品牌认同，最终形成一定的信任机制、互惠机制、规范机制和监督机制，让社区服务圈的若干子系统自我管理，鼓励同学们充分发挥主观能动性，用自己的双手和头脑经营社区家园，通过“辛勤劳动、诚实劳动、创造性劳动”，由“自治”向“善治”演进，由“自上而下的建设”向“自下而上的生长”转变，推动可持续发展。

此外，秉着“核心+开放”的工作理念，在保证社群活动原生态、可控制的基础上，注入开放多元的包容性元素，特别是跨专业、跨学科、跨领域的交流合作，在融入结合渗透上下功夫，在落细落小落实上下功夫，打造“小而精、有特色、应用型”的社区服务模式，做到“整体规划、有机更新、模式迭代”，不断地为公共空间创造价值，为建设美好社区而行动，进而实现“教育资源共享、教育共同体共筑、教育教学活动共联”的目标。

（三）社区服务的建设原则

1. 让组织框架清晰化

社区服务组织中的管理成员角色明晰、分工明确，需草拟《学生社区服务自我管理委员会成立工作实施细则》和《学生社区自管会各岗位简介和工作职责》等规范性文件，采取 AB 岗的形式，既保证服务的正常进行，也促进人才资源的储备。

2. 让内容挖掘精细化

瞄准学生在生产劳动、志愿服务、社会实践等方面的成长需求，聚焦大学生内驱力和外驱力两个成长的主动力进行发力，通过线上线下双通道，以社区服务为立足点，打通思想政治教育的“最后一公里”。

运用敏锐的洞察力和转化能力，细分领域、精准对焦，深度挖掘每一个环节、每一个领域所蕴含的育人元素和所承载的育人功能，通过社区服务达到四个营造的目的，即社区复合型志愿服务综合体的营造、社区全覆盖实践育人氛围的营造、社区浸染式文化“会客厅”的营造、社区抱团式共同体身份认同的营造。

3. 让思政教育可视化

（1）活动有主题：活动主题需明确，找到聚焦点，形成品牌意识，要关注品牌的角度、影响的广度、专业的深度，即社区服务需立足专业特色，拥有独特的品牌定位。

（2）成长看得见：输入+输出，线上+线下，双渠道贯通，通过“强输出”来促进“强输入”，将劳动实践的成果纳入第二课堂成绩单制度，让社区服务育人的成长轨迹清晰可见，细化指标、量化结果，最终输出学生个人的劳动教育成绩单。

（3）项目有迭代：通过网络对数据进行采集分析，以“小步快跑、快速迭代”的精益创业的方式进行社区服务活动项目的“验证性”迭代，不断优化过程性设计，形成工作闭环。

（4）服务有跟踪：在第一批同学体验社区服务项目后，需要有针对性地优化活动环节，增强同理心，从而形成用户黏性，不断提升同学们的大局意识、服务意识，增强社区服务活动的影响力。

（5）成效有报告：每一期活动后形成用户体验调查问卷，并做数据分析，评估社区服务活动的成效，将其作为基础资料不断完善并归纳存档。

4. 让活动流程标准化

社区的开放共享性质，决定了参与人员的流动性较大，故可借鉴“社群运营”的手段，将过程标准化、结构化，既可以保障活动质量，也可以形成可复制、可推广的模式。

5. 让组织管理企业化

一项社区服务项目的发起，可以辅助以企业化运作的轨迹做考量，即“目标用户—小范围试验—反馈修改—产品或服务迭代—获得核心认知—用户量的增长”。此运行模式需要“多方协力”，做到“以点带面”，体现“在地参与”，从而不断盘活社区的在地资源，逐步形成一套“学生教练培育技术、志愿者激励机制、民主议事制度、团队组建机制”的方法、技术和工具，构建学生工作新范式。

总之，把有意义的事情做得有意思，让有高度的工作有温度，为有温度的工作想办法。在学生社区服务项目的建设过程中，让学生既是参与者、实践者，更是受益者。通过学生社区服务活动创新，鼓励和倡导学生身体力行地坚持做某种微小的尝试，不断与周边同学、学院、学校建立某种联系，进而共建一个文化认同、情感链接、服务共享、劳动共筑的“社区服务共同体”。

（四）社区服务活动项目概览

进一步深耕厚植，精细化挖掘服务育人元素，打造一批有意义、有意思的社区品牌服务项目，创办“美好社区节”，构筑“服务＋文化”的青年社区之家。

1. 心灵港湾

开展 7 天共读学习圈活动。社区学生志愿者发起“7 天共读”活动，一本好书，一群书友，一种自发的想要改变的强烈意愿，足以让社区文化共读空间成为心灵的港湾，让理性、平和、静心、启智浸润心田，也让一对多、多层次、可持续的思政教育成为可能。

2. 艺起青春

社区大舞台，有梦你就来——定期举办“社区文艺秀”小剧场，给学生提供才艺展示平台，并链接社区居民，加入剧场演出，构建一个共享、共创的社区大舞台。

3. 勤劳改造家园

学生社区举办寝室照片墙活动，营造书香宿舍氛围；社区开启“美好行动”千人大扫除“快闪”活动；鼓励学生到跳蚤市场上参与旧物交换，设置“亲子摊位”进行玩具和闲置物品的分享；举办“邻居，你好”“邻居，干杯”等社区下午茶活动。

4. 党建引领+

党员亮身份、学生党员寝室挂牌、建立“支部同盟”，牢牢构筑“社区党建+服务”的坚强堡垒。举办“大学生红色文化宣讲团”，普法进社区、进基层、进乡村的“三进”活动等。

5. 社区火种节

可以通过模拟创业过程（寻找伙伴、创意发想、原型打造、项目路演等），激发学生创新精神，培养学生的创新理念，鼓励学生发现不可能，积极与身边的资源、机会互动，点亮心中的火种；还可以通过“创业早餐会”“梦想加速营”“小小科学家”“创新小玩意儿”等进阶版创业体验活动，让社区儿童切身体验创新的乐趣，激活创新创业因子，形成浓厚的创新创业文化氛围。

6. 社区微志愿

链接校友资源，推动社会创新，通过发起社区小而美的微志愿、微环保活动，创新社会志愿服务呈现方式，引领互助、共享新风尚。

7. 社区学苑

精准对接社区文化需求，定期举办灵活多样的“专业性+通识性”滚动式学术沙龙、文化讲堂、健康知识讲座等活动，提升知识迁移能力。

8. 专业特色活动

如法学院利用形象生动的案例，采用单口相声方式，举办形式多样的线上“行走的法律微课堂”，并开设“线下法律诊所”；艺术设计学院开展社区文化长廊设计、书法国画教学、舞蹈和合唱团训练等活动，营造浓郁的文化氛围；环境学院科学倡导垃圾分类；建筑学院致力于旧区改造；外国语学院举办社区英语角；师范生进行“朋辈小课堂”学业辅导、亲子关系构建等。让专业转化为能力，让能力提升为素质，进一步吸引青年群体参与社区善治，丰富辖区群众精神文化生活，缓和社区矛盾，激活社区内在活力。

三、开展社区服务的路径探索

（一）做好“主体转换”

注意聆听学生的声音、基层的声音，把“带着学生实践”转变为“师生一起共学共研”，在增进亲近感、信赖感的同时，还需拿捏好亦师亦友的分寸和尺度，掌握好教育管理服务的快慢思维，在社区服务的过程中，让思政教育的“盐分”自然而深入地溶解到学生的理想信念当中，内化为学生的思想品格，外化为学生的实践活动，润物无声。

（二）植入“用户思维”

积极开展社区调研，根据调研反馈，转换推进思路，不是我们“给什么”，而是学生、社区群众“要什么”，不断对接需求、迭代活动版本。进一步整合发起单位的“资源清单”，社区服务的“项目清单”，学生、社区群体的“需求清单”，从路径到方法再到实施进行自洽和对接，促进多元主体的参与，实现外部环境的持续优化和内部治理能力的不断提升，这是一个相对的、动态的过程。

（三）营造“文化场景”

通过“美好社区节”“文化创意秀”等系列活动，营造一些外部具化的文化场景，为青年朋友们提供可参与、可体验的渠道，比如社区音乐节、涂鸦、市集、宿舍创意全家福等，提高曝光度和参与度。学生社区文化建设的最终落脚点是重建人与人、人与环境的和谐共生共享，营造共同的精神文化家园，让社区服务的文化理念深入人心，有温度，可持续。

（四）树立“品牌意识”

社区服务文化圈所含的子系统需深耕厚植，打造特色品牌和内容，在学生群体中具有一定的可识别度，并形成系列文化创意产品，进行线上线下推介（活动文化册汇编、布袋、Logo 等），汇聚力量，形成一定的影响力。

（五）打通“关节桎梏”

打通关节桎梏的前提是聚合力量，思政教育是关于人的工作，故而需要下大力气关照“人”的内心深处，洞察人心，聚集群体力量，发挥朋辈领航和教师引导的作用，通过“立场、观点、场景、角色、情感等”的营造，为参与群体内心注入“无惧痛点，抱团取暖”的向上向善的力量感，从而形成活动项目更佳的体验感，增加社区同学间的情感黏性。

通过社区服务进行社区文化圈的营造，对于教练型教师和教练型学生领袖来说，是以一种“融入、渗入、潜入”的方式，通过“教”＋“练”有机融合，在尊重学生成长规律的前提下，体现时代性、把握规律性、赋予创造性，促进学生工作者育人水平的提高，构筑“师生共成长”的协同发展模式；对于参与学生来说，通过学生社区文化圈，触发同学们对生活的爱意和柔情，改变生活的习惯和方式，增长生命的智慧和能力，以一种更加健康、平和、挺拔的姿态，学会感恩、协作、思考、行动和承担社会责任，提高社区服务质量，为校园注入更多向上向善的精神文化力量。

实践活动

我的社区我营造

请以“我的社区我营造”为主题，制订一个“小小社区营造师”计划，并在学习生活中执行此计划（用思维导图更直观、更有逻辑发散性）；同时，做好活动记录，包括：计划目标、计划要点、计划思路、计划的可行性评估。

【结果评价】

根据表5-1对学生的“小小社区营造师”计划进行评价。

表5-1 评价表

操作内容	配分	评分内容及评分标准	自我评价	教师/同学/家长评价
计划主题	20分	计划聚焦主题（10分）		
		活动的目的、意义明确（10分）		
计划方案	25分	方案逻辑清晰（10分）		
		方案切实可行（15分）		
计划进程	35分	有人力、物力、财力、精力的支持（20分）		
		系统有相应的应急措施（15分）		
总结反思	20分	计划有一定的奖励激励机制（10分）		
		总结有一定的提升反馈机制（10分）		
总计		100分		

第二节　赛事服务

随着国家经济发展水平和开放程度的不断提高，为进一步扩大区域、城市、学校等的知名度，承办大型赛事活动逐渐成为一种潮流。当代大型赛事已成为国家、区域、城市乃至高校全情参与、全力提升形象的重要举措。从2008年的北京奥运会、残奥会到2022年的冬奥会、冬残奥会，再到持续至今的广州马拉松赛，以及各类大学生科技竞赛，中国大学生群体志愿服务实现了跨越式发展，志愿者精神也通过大型赛事服务得到传播和弘扬。志愿者不仅仅是赛场上一道靓丽的风景线，更是保障赛事顺利进行的不可或缺的重要角色。本节将从赛事服务概述、赛事服务主要特点以及赛事服务基本流程三个部分介绍赛事服务开展的主要过程和具体问题。

一、赛事服务概述

赛事服务广义上是指对各类竞赛活动的服务工作，属于志愿活动的重要范畴；狭义上是指在比赛开始前动员、组织志愿者参加赛事活动的筹备、管理、运行等各项工作，从而确保赛事活动的顺利开展。具体而言，赛事服务是指协助主办方为持票观众、参赛人员以及注册人员等提供各项服务的计划和管理，使管理工作和服务效益最大化地满足广大参赛者和观众等人的赛事体验需求。志愿服务作为社会文明的标志之一，已成为各类大型赛事顺利举办的重要保障。

根据赛事内容，常见的大学生赛事服务可分为创业商业类、艺术爱好类、游戏动漫类、科技创新类、公益广告类、学科竞赛类、体育竞技类等。其中体育竞技类赛事服务的活动对象多为大规模的赛事活动，包括国际性的综合型体育赛事和单项的体育赛事，如奥运会、大学生运动会、篮球联赛等志愿服务项目。近些年，随着国家科教兴国战略和创新驱动发展战略的广泛实施，为提升人才培养质量，推进高等教育的综合改革，科技创新类、创业商业类赛事服务已成为大学生群体中最具代表性的赛事服务项目，常见的有“挑战杯”全国大学生课外学术科技作品竞赛、“挑战杯”中国大学生创业计划竞赛、中国“互联网+”大学生创新创业大赛等。

根据岗位要求，赛事服务通常分为接待组、竞赛组、综合组、宣传组等，主要涉及礼宾接待、语言翻译、交通运输、安全保卫、医疗卫生、观众指引、物品分发、沟通联络、竞赛组织支持、场馆运行支持、新闻运行支持、文化活动组织支持等工作领域。通过赛事服务，大学生可以在参与志愿活动的过程中理解并践行志愿服务精神，自觉将志愿服务精神作为个人行为准则之一，从而提高思想道德素质，推动全社会范围内良好社会道德风尚的提升，为社会主义精神文明建设提供道德支持。

二、赛事服务主要特点

赛事服务与所有志愿服务相同，具有自愿性、无偿性、公益性、组织性等主要特点。除此之外，赛事活动自身具有参与范围广、社会影响力大以及彰显区域形象等特征，使得赛事服务又具有以下特点。

（一）服务队伍规模大

通常所见的赛事活动，特别是一些由国际组织，国家级、省级政府职能部门主办的重要赛事，由于赛程周期长、赛事安排复杂、参赛人员众多、比赛场地范围较大，因此志愿服务队伍的规模普遍较大。据《北京日报》报道，经过层层选拔，共有1.4万名首都高校大学生成为2022年北京冬奥会、冬残奥会赛会志愿者。这1.4万名赛会志愿者来自清华大学、北京大学、中国人民大学等66所首都高校，他们将在北京、延庆、张家口三个赛区提供志愿服务，用青春、责任和梦想共赴这场冬奥之约。可见，高规格、高质量的赛事活动必然离不开大规模的赛事志愿服务者队伍。

（二）组织管理专业化、精细化、信息化

与普通的志愿服务不同，赛事服务的内容是竞技活动，服务的对象多为来自不同地区、不同身份的高素质参赛者或其他参赛人员。由于竞技活动本身具有结果的不确定性，加上赛事活动的规模较大，因此在赛事志愿服务中更强调严谨的志愿服务态度。专业化的组织管理模式、精细化的分工安排以及信息化的志愿服务平台是当前大型赛事志愿服务开展的重要依托。一场高质量的赛事服务离不开计划缜密、安排合理、指导专业的志愿者工作规划，专业化、精细化的组织管理可以有效地指导赛事服务的总体推进。同时，随着全民志愿时代的到来，志愿服务团队不断涌现，普通人有了更多的机会参与到志愿服务的奉献中来。而信息化建设，既让我们知道了哪里需要“志愿者”，更让我们知道了志愿者应该如何提供规范的服务。应当说，志愿服务平台和志愿信息的规范化和制度化，让志愿服务越来越人人可为、触手可及。

（三）服务影响力深远

高规格赛事服务的影响力主要有两个方面：一方面，是指对承办方所在区域形象以及发展有显著提升作用；另一方面，可以推进志愿服务的前进式发展。例如，对我国志愿服务的发展有里程碑意义的2008年北京奥运会志愿服务，为北京的城市建设、生态保护、交通设施以及生活环境带来了巨大的改变，有专家指出，奥运会带给中国的间接影响可总结为以下几点：经济增长、社会凝聚力提升、文化广泛传播、科技奥运理念创新、国家形象全面提升、公民环境保护意识显著提高、跨区域合作能力改善以及基础设施改善和现代化进程提速。同时，奥运会的志愿服务也为中国志愿服务事业带来了前所未有的机遇。社会公众对志愿者的认同度大幅提升，民众自愿加入奥运会志愿队伍的热情高涨，“微笑北京，志愿奥运”的口号响

彻奥运赛场。志愿服务受到大众的广泛关注后，也获得了社会的全力支持。奥运会后，围绕奥运会志愿服务的筹办工作，共青团北京市委、北京志愿者协会等相关部门开展了多种形式的志愿服务活动，为北京市的志愿服务事业发展创造了良好契机。

（四）服务质量要求高

由于赛事活动广受关注，且影响力深远，因此相较于其他志愿活动，赛事服务对志愿者有更高的要求。在志愿者自身素质方面，要求其具备更强的责任心、大局观和团队协作意识；在志愿者招募时对其适应能力、组织能力、语言表达能力、危机处理能力的考察都有更高的要求；在志愿者培训过程中，要更加侧重于专业化服务水平的提升和优秀志愿者形象的塑造。因此，赛事服务流程的规范化操作就显得尤为重要。

三、赛事服务基本流程

赛事活动的举办是一项复杂的系统工程，需要多方人员协调各类资源统筹推进。为保障赛事的顺利开展，赛事服务各个环节的贯通必须精心筹备、精益求精。而面对需求更加项目化、多类型的赛事活动，志愿者提供的服务也要从“小”入手，在细节上下功夫。无论是大型的国际体育赛事，还是校园的文体、科创竞赛，志愿服务都需渗透到各种小细节、小场景当中，真正让每一个需要服务的人受益。

（一）赛事志愿服务策划与宣传

赛事志愿服务策划与宣传是赛事总体进程中的首要环节。全面、具体而又明确的工作运行方案对系统性统领赛事志愿服务起着重要作用。赛事活动一般由常设型、临时组建型、委托外包型的组织机构负责运行方案的策划，通过前期赛事项目的调研与对往期赛事案例的分析进行志愿服务的方案设计。通常而言，运行方案包含活动概述、指导思想、目标任务、志愿者类型、工作内容、推进计划、组织领导以及政策体系等主要内容，翔实、具体、有序地指导志愿服务的开展。

赛事志愿服务需要通过强有力的动员与宣传获得人力、物力、财力支持，提升志愿者服务意识。同时，为弘扬志愿者精神，展现志愿者无私奉献的精神面貌，提升全民参与志愿服务的意愿，要充分利用新媒体平台进行志愿服务的新闻报道、文化建设和文化推广，对赛事志愿服务的权威信息、志愿者风采等进行主题宣传，营造志愿活动的参与氛围，进一步激发全社会参与志愿服务的热情。

拓展阅读

2019 广州马拉松志愿者 DV 大赛

2019 广州马拉松赛于 2019 年 12 月 8 日举办，赛会期间共有来自高校和社会团体的 6 200 名志愿者为赛事服务。为全面展现 2019 广州马拉松赛志愿者的风采，组委会志愿者部举办了 2019 广州马拉松赛志愿者 DV 大赛，鼓励志愿者从自己的视角去发现 2019 广州马拉松赛过程中志愿者的真与美，记录志愿者为赛事付出的点点滴滴，并创作出优秀的视频作品，为赛事留下丰富而宝贵的视频资料。DV 大赛让“奉献、友爱、互助、进步”的志愿服务精神在羊城大地传播。

（二）赛事服务志愿者招募

志愿者招募工作是赛事服务的基础，志愿者队伍的规模、凝聚力和奉献精神将直接决定志愿服务的质量和赛事运行的顺利程度。高校一直是各类赛事志愿者的主要来源地，大学生群体也是大型赛事志愿者的生力军和主力军。此外，为拓宽志愿者招募渠道，充分挖掘社会人力资源，多数大型赛事还会面向社会居民群体以及企事业单位，招募一定数量、符合要求的赛会志愿者。

志愿者的招募方式一般有以下几种：第一，公开性的社会招募，指通过新媒体、报纸、电视等各类宣传媒介公开向社会大众进行志愿者招募；第二，集中性的组织招募，常用于政府高度重视的赛事活动的组织工作，利用政府的权威性推动志愿者的招募；第三，定向招募，指根据志愿者的特殊岗位需求，有针对性地对相关专业学生、从业人员开展的招募，保证志愿者服务的专业化。志愿者可根据以上几种招募方式，按相关要求进行报名。赛会组织机构将通过材料审核、组织面试、培训考核、背景审核、岗位确认、签署协议、发出录用通知等环节完成志愿者选拔与录用工作。

（三）赛事服务志愿者培训

赛事服务志愿者培训是指由志愿组织机构或相关个人，根据赛事目标和志愿者的岗位需要，通过线上和线下的教育、培养和训练，提高志愿者的知识技能并改善其价值观、工作态度与行为方式，使他们能在工作岗位上胜任或称职。志愿者培训内容主要有通用培训、岗位培训（专业培训）、场馆培训。通用培训是对赛事概况、主办方所在区域文化、志愿者服务知识和技能、礼仪规范、团队精神的拓展训练以及医学常识和急救技能的培训，培训针对全体志愿者广泛开展；岗位培训是针对志愿者岗位而开展的相关专业知识和技能的培训，例如参赛者心理调适、通用英语培训以及宣传报道培训等；场馆培训是对场馆功能、场内比赛相关知识、内部设施、组织架构、规章制度的普及，通常采用实地考察的方式对志愿者进行讲解。为了解培训的有效性，培训后通常设有考核，一方面可以让志愿者对整个培训过程进行评价和总结，另一方面有助于完善培训评估和反馈机制，为日后开展新的培训提供重要的实践参考。

（四）赛事服务运行

赛事服务运行是指赛事活动正式开始后的志愿服务，是整个赛事服务的核心环节。为保障赛事的顺利开展，赛事服务通常遵循以下原则。

1. 岗位明晰，层级联动原则

通过建立多层工作指挥体系，逐级落实工作任务，切实做好志愿者的上岗、考勤、轮休、评价等管理工作，努力做到指挥有力、反应灵敏、行动迅速、信息顺畅、配合默契、保障有力。

2. 随时反馈，动态调控原则

各岗位应设有指定的负责人，与相关部门的联络员对接，根据岗位职责和现场的各类突发情况，及时提供准确的运行信息，时刻对赛场工作安排进行动态调控。

3. 通力合作，以人为本原则

作为复杂系统工程的赛事活动，需要各职能部门、主办方、承办方、志愿者工作部门、场馆运行团队、志愿者各岗位间紧密联系，统一思想，高度配合。同时，面对自愿参与志愿服务的无私的志愿者们，要充分践行以人为本的原则，做好志愿者后勤保障工作。

（五）赛事服务激励与成果反馈

赛事结束后，为表彰优秀志愿者，进一步发扬志愿文化，赛组委通常会设立志愿者表彰环节。志愿者的激励表彰以精神鼓励为主，以激发志愿者的内在热情，保持志愿者较高的工作积极性，使志愿者的工作经历更有价值、更令人愉快。志愿者激励主要实施以服务时间和服务效果为基本依据的普遍激励。开设志愿者维权热线和心理热线，切实维护志愿者合法权益。对做出突出贡献、表现优异的志愿者集体、个人以及志愿服务项目给予特别奖励。

此外，在赛事服务过程中还应注意收集各类资料，包括志愿工作运行安排、培训资料、志愿者风采、志愿者事迹、心得与总结等，并对志愿服务过程中的亮点与不足及时进行整理与归纳，形成文字性成果，推动赛事志愿服务的规范化、科学化发展，进而提升赛事服务的专业化水平。

实践活动

举办古典诗词仿写大赛

为提高学生阅读、理解和鉴赏古典诗词的能力，激发学生创作的兴趣，弘扬中华优秀传统文化，以班级为单位面向同年级或系、院举办“古典诗词仿写大赛”。

【结果评价】

根据表 5－2 对“古典诗词仿写大赛”举办情况进行评价。

表 5－2　评价表

<table>
<tr><th colspan="2">操作内容</th><th>配分</th><th>评分内容及评分标准</th><th>自我评价</th><th>教师/同学/家长评价</th></tr>
<tr><td colspan="2" rowspan="5">策划、准备</td><td rowspan="5">25 分</td><td>确定主题（5 分）</td><td></td><td rowspan="21"></td></tr>
<tr><td>制定规则（5 分）</td><td></td></tr>
<tr><td>设置奖项（5 分）</td><td></td></tr>
<tr><td>确定评委人选、主持人、嘉宾（5 分）</td><td></td></tr>
<tr><td>预案（5 分）</td><td></td></tr>
<tr><td colspan="2" rowspan="5">筹备</td><td rowspan="5">25 分</td><td>海报、条幅设计及制作（5 分）</td><td></td></tr>
<tr><td>消息发布及宣传（5 分）</td><td></td></tr>
<tr><td>物资采买（5 分）</td><td></td></tr>
<tr><td>评委、主持人、嘉宾邀请（5 分）</td><td></td></tr>
<tr><td>投稿作品及公示（5 分）</td><td></td></tr>
<tr><td rowspan="7">大赛进程</td><td>初赛</td><td rowspan="7">40 分</td><td>投稿作品初选（学生投票）及公示（5 分）</td><td></td></tr>
<tr><td>复赛</td><td>不记名作品复赛（评委打分）及公示（10 分）</td><td></td></tr>
<tr><td rowspan="5">决赛</td><td>大赛环节设置合理且紧凑（5 分）</td><td></td></tr>
<tr><td>现场进度把控得当（5 分）</td><td></td></tr>
<tr><td>现场布置（5 分）</td><td></td></tr>
<tr><td>结果公正公开令人信服（5 分）</td><td></td></tr>
<tr><td>评委点评认真（5 分）</td><td></td></tr>
<tr><td colspan="2" rowspan="3">总结反思</td><td rowspan="3">10 分</td><td>环节衔接不拖沓，人员不混乱（2 分）</td><td></td></tr>
<tr><td>大赛结果发布（校园网、校刊、校园公告栏等）（3 分）</td><td></td></tr>
<tr><td>评委及发言嘉宾充分理解大赛宗旨（5 分）</td><td></td></tr>
<tr><td colspan="3">总计</td><td>100 分</td><td></td></tr>
</table>

第三节　公益宣传

公益宣传，是高校思想宣传工作的一项重要内容，是落实“知行思”有效贯通的载体，也是实践育人导向下的有效输出路径。《国家中长期教育改革和发展规划纲要（2010—2020 年）》要求“鼓励学生积极参与志愿服务和公益事业”。《中长期青年发展规划（2016—2025 年）》提出，鼓励青年参与社会公共服务和社会公益事业。

鼓励学生积极参与力所能及的志愿服务和公益事业，事关党对高校的领导，事关全面贯彻党的劳动教育方针，对于巩固共同的思想道德基础，具有重大而深远的意义。

一、大学生公益活动的基本释义

大学生公益活动是指大学生自愿参与或组织的，以助益社会、服务他人、增进福祉为目的的公益行为。大学生公益行为取向则包括对社会公益活动的认知和理解、对社会公益性质的判断和诉求的生成，以及产生的行为成效。同时，公益愿景、制度激励和自我禀赋、公益精神和人文素养、社会主义核心价值观认知都对大学生公益行为有着较复杂的影响。回溯公益宣传的演进史可以发现，高校公益活动研究起步较晚，自 2008 年汶川地震后，逐步开启了公益宣传的转型之路。

二、大学生公益宣传的基本向度

（一）理论建构向度

1. 赋权增能理论

赋权增能是一个双向互动概念，我们在给同伴赋能的同时，自己也在增能，这就是一个正向循环，即公益宣传的最佳平衡状态是公益宣传者与受众的双向成长。在公益宣传中，不仅个人能动性可以得到最大限度的发挥，在多主体参与协作的场景下，培育尊重差异性基础上的共识，还可以最大限度地保证公益宣传活动的活力。

2. 优势视角理论

公益宣传活动是一个有机体，和“人”的因素有很强的关联性，有其自然的公益文化生态发展路径、脉络。公益宣传活动要做的就是“剪枝修苗”，通过自律和他律的紧密结合，通过一个紧密的公益宣传共同体氛围的营造，让学生自身潜在的活力迸发出来，逐步形成公益行动的原动力，从而增强对自身的认同、对公益宣传的认同和对美好生活的希冀。

拓展阅读

赋权增能理论

“增能”一词是社会福利界的用语，由 empowerment 翻译而来，又可以译作“充权”或“赋权”，意思是让人有更大、更多的责任感，有能力去做自己应该做的事。具体来说，增能是个人在与他人及环境的积极互动过程中，获得更强的对生活空间的掌控能力和自信心，以及促进环境资源和机会的运用，以进一步帮助个人获得更多能力的过程。“增能”一词的使用可以追溯到 20 世纪 70 年代，当时美国哥伦比亚大学学者所罗门（Solomon）提出对被歧视的美国非洲裔黑人进行增能工作，从而把增能引入了社会工作，甚至社区工作的议程。20 世纪 90 年代以来，增能已经成为社会工作领域提倡的重要价值观念和工作模式之一。

优势视角理论

优势视角是指“社会工作者所应该做的一切，在某种程度上要立足于发现、寻求、探索及利用案主的优势和资源，协助他们达到自己的目标，实现他们的梦想，并面对他们生命中的挫折和不幸，抗拒社会主流的控制”。这一视角强调人类精神的内在智慧，强调即便是最可怜的、被社会遗弃的人都具有内在的转变能力。概括地说，“优势视角”就是着眼于个人的优势，以利用和开发人的潜能为出发点，协助其从挫折和不幸的逆境中挣脱出来，最终达到其目标、实现其理想的一种思维方式和工作方法。

（二）价值认同向度

价值是客体之于主体的效应体现，故需要将公益宣传置于主客体的双向互动中，才能科学理解理论指导下实践的价值走向。从社区治理研究中可以发现，中国是个“能人社会”，需要透过“能人”关系网的动员、激励，形成核心凝聚力，树立良好的社会正向示范效应。在此背景下，高校通过教育引导，触发更多敢想、敢做、敢创的特色公益行动，对项目活动进行外在化的总结呈现，就会产生宣传、推广的辐射效应，进而产生公益实施主体的“能人效应”，吸引更多同学参与到公益志愿服务活动中，实现正向价值认同的传导。

(三) 行动规则向度

公益宣传需要以行动为取向，其中蕴含的规则就像一根线，串起每一位致力于公益宣传创新的个体，其行动在规则的边界中不断地与资源、人脉进行互动，进而形成一个稳固的社区公益文化共同体，通过公益动员，不断辐射带动更多同学，用最积极的心态、最有力的行动，身体力行地参与到社会公益事业中，用直抵人心的公益力量带给我们心灵的滋养，这份善意和勇气，足以让我们拥抱生活的意外和惊喜。

通过上述基本向度的扁平化、可操作化及评价尺度的多维化，主动寻找劳动教育渗透于公益宣传的结合点，折射出二者有机结合的价值链的衍生和价值中心的可迁移，强化对公益项目成果的普及和传播。这就是公益宣传基本向度的“涟漪模式”，如图 5－1 所示。

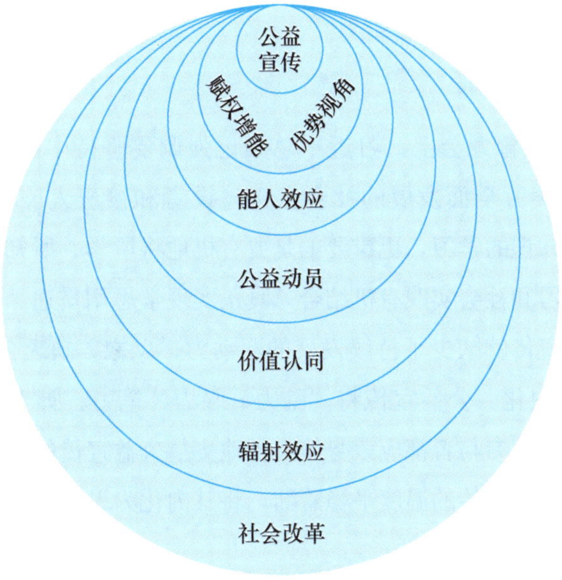

图 5－1　公益宣传基本向度的“涟漪模式”

三、加强和改进劳动教育背景下公益宣传工作的主要任务

(一) 坚定理想信念

通过公益宣传，广大青年学生能够更好地了解国情，以踏踏实实的劳动、公益助人的氛围，传递出热爱劳动、热爱生活的态度，积极投身公益宣传事业，把爱国情、强国志、报国行融入脚踏实地的奋斗当中，凝聚起同心共筑中国梦的强大精神力量。

（二）壮大主流思想舆论

公益宣传作为高校思想宣传工作的一项重要内容，肩负着学习宣传马克思主义，培育和弘扬社会主义核心价值观的重要任务，对于加强高校意识形态阵地建设，牢牢把握高校意识形态工作的话语权具有重大意义。通过管好导向、管好阵地、管好队伍，不断做大做强正面宣传，帮助学生树立正确的国家观、民族观、历史观、文化观，学会用马克思主义的立场、观点、方法审视问题，增强明辨是非的能力。

（三）推动文化的传承创新

建设具有当代特色、体现时代需求的公益文化，培育和弘扬公益精神，打造既有理论高度，又有实践温度的公益宣传文创产品，以公益宣传“进教材、进课堂、进头脑”为主线，通过形式多样的媒介推广和活动宣讲，把高校建设成公益文化宣传的示范区和辐射源，不断增强高校宣传文化软实力。

（四）立足学生全面发展

2018 年，在全国教育大会上，习近平总书记强调要坚持中国特色社会主义教育发展道路，培养德智体美劳全面发展的社会主义建设者和接班人。“五育”并举的实现，不仅仅依靠课堂专业知识的学习，更重要的是要有机地将所学、所知、所得运用于社会公益实践中，让理论学习和社会实践有机结合，真正实现学思用贯通、知信行合一。缺乏扎实的专业基础，公益宣传就缺少了持续发展的驱动力；反之，缺乏公益宣传的实践出口，理论学习就无法实现内化。公益宣传将“脑力、眼力、笔力、脚力”融为一体，需要态度，更需要温度，每一位参与者都应该身体力行地丈量公益宣传的广度，升华为公益宣传的高度，最终凝聚着公益宣传的温度平稳着陆，将其内化为思想品格，外化为实践行动。

四、劳动教育与公益宣传相结合的思路设计

公益宣传作为公益活动和志愿服务的输出窗口，在“做中学”和“学中做”中，手脑并用、学思结合，通过对项目体验成果开展有目的、有计划的宣传推介，创新呈现方式，改变输出媒介，激活学生的内生动力，逐步形成 54321 模式公益宣传文化矩阵，如图 5－2 所示。

5 个相结合：与入学教育相结合、与课堂教学相结合、与社会实践相结合、与资助育人相结合、与校园文化相结合，在贯穿、结合、融入中，对公益宣传的理念和价值进行全链条植入和全过程渗透。

4 条脉络：一主一副是指以“做准对象化分析”为主，以“做细对策性建议”为

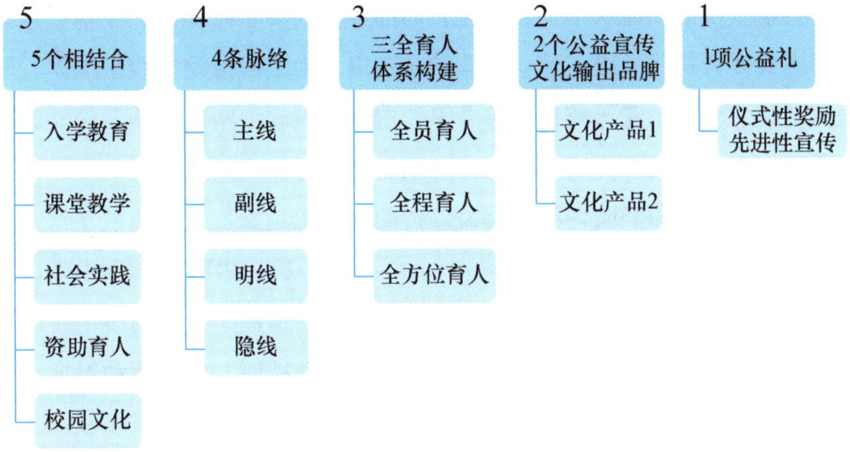

图 5-2　54321 模式公益宣传文化矩阵

副；一明一隐是指以“强化教育的感受性”为明，以“深化感受的教育性”为隐。即“副”和“隐”并非不重要，而是承担“隐性”的育人角色，更要注重于细微之处密切关注关怀学生群体、社会群体，让同学们通过润物无声的志愿帮扶、成果推介，照亮心灵、启迪心智，在落细、落小、落实上下功夫。

三全育人体系构建：努力构建“全员育人、全程育人、全方位育人”的工作格局。通过搭建育人平台，联动班主任、任课老师、研究生导师、家长、创新创业校外指导专家等，共同守好一段渠、种好责任田，形成协同育人效应。

2 个公益宣传文化输出品牌：例如，荔枝 FM 阅读分享汇《我把公益行“说”给你听》分享活动，抖音、哔哩哔哩（B 站）公益视频展播；公益宣传创意文化产品（如带 Logo 的杯子、笔记本、布袋，公益宣传案例编辑成册等）。

1 项公益礼：对公益活动进行积分打卡，给予年终积分排前的同学“仪式性”奖励，并授予相应的荣誉称号，作为先进代表进行先进事迹宣传。

通过构建 54321 模式的公益宣传文化矩阵，把握学生成长发展的需要，融入感官视觉、思想意识、文化内涵的熏陶，宣传“多媒介”、撬动“多角度”、服务“多层面”、体验“全方位”，让同学们在公益宣传中提升参与感、获得感、归属感、价值感，在助人自助中滋养心灵、涵育品行。

五、劳动教育与公益宣传相结合的发展路径

（一）健全劳动实践组织

随着高等教育的内涵式发展，劳动教育和公益宣传的结合需优化外部供给，增强优

质供给力，公益宣传活动需从单一、固化、局部等初级要素向知识、技术、数据、管理服务水平等高级要素迭代升级。建立专兼结合、以专为主的劳动实践组织体，聘请专家学者、全国劳模、大国工匠等兼任外聘专家，造就一支政治坚定、学养深厚、有重要影响的劳动实践育人导师团，并通过一定的激励机制、考核机制、评聘机制，保持队伍的相对稳定。借鉴国外工作经验，打造公益宣传的真实化场景、支持情境建构系统等，确保公益宣传“线下”有内容，“线上”有灵魂，全员覆盖，做到从学生中来，到学生中去，让每一名学生都能树立起“劳动最光荣”的观念，形成“自己的事情自己做，他人的事情帮着做，公益的事情争着做”的意识，学习劳动技能、养成劳动习惯、热爱劳动群众，在公益宣传的劳动中感受快乐、体悟人生、磨炼意志。

在各公益宣传组织的文化圈中，通过媒体的融合和联盟，扩大公益宣传的覆盖面。在宣传广度方面，通过横向与社会媒体进行信息互动、共享，扩大辐射范围，增强活动宣传的社会影响力。在传播深度方面，通过纵向链接，形成基于“项目”的宣传联盟，在与其他组织的深度合作中，进一步加深公益宣传理解的深刻性和科学性。

（二）创新劳动发展模式

1. 以劳动为导向的优势发展模式

当代大学生对快速发展的新技术更为熟悉，劳动教育也需乘着技术红利的东风，借力打力、借势成势，激活内在基因，善于把握契机，构建公益宣传新生态。聚焦参与者的个人需求，赋予其更多自我实现的可能性，将宣传工作的传统优势与互联网等新兴载体相链接，以跳出传统的宣传工作套路，从内容、形式、载体、方法等方面因时而化、因事而新，比如公益行动手绘手账、公益日志 vlog 等，使其自身的潜力、知识、能力得到最大化的开发，找到其自身的能力生长点，并因势利导，引导其与周边的环境、资源进行积极互动，协助公益活动对象达成目标，实现双主体的进步和成长。

2. 以关系为纽带的带动发展模式

基于对大学生公益宣传行为动机相关要素的考察分析，公益宣传行为是在一定的公益活动认知、内部需求、合理归因、外在呈现等多重因素的激发下产生的策略选择，这种选择必然存在于一个相对完整的生态系统中，其有效性取决于宣传者与受众能否与周围环境实施有效互动，从而凸显了建立紧密的人际支持带动系统的重要性。比如公益宣传组可建立临时党支部，以支部为核心，以普通学生为主体；以对象接受的多元性为突破口，打造“公益+”网络宣传 e 平台；以关照人的内在需要为切入点，实现三变，即公益宣传参与群体由“加法”变“乘法”，发展模式由“发散”变“聚合”，运行方式由“封闭”变

“共享”，通过多样化、新颖化的呈现，强化大学生公益理念和价值观的存留度。

3. 以成果为导向的撬动发展模式

社交碎片化、新闻视频化、信息精微化和个性定制化的外部环境发展，必然要求劳动教育和公益宣传的结合点需以成果为“定”向，并在“做准对象化分析、做精分众化研究、做细对策性建议”上落细、落小、落实。这里的“定”是指公益宣传的成果可能有形和无形兼具，但它是确定的、客观的、具象化的、不以人的意志为转移的。通过文献检索、实践调查、数据分析等，设计符合劳动教育和公益宣传特点的成果评价方式，对实施效果进行多维评价，以综合性的定性分析修正、完善定量决策，实现公益宣传的价值撬动。

（三）构建劳动实践路径

1. 观念育人的路径

观念育人是构建劳动实践路径的基础和前提。有了社会主义核心价值观这把总钥匙，就可以在正误、主次、真假、善恶中做出正确的价值判断和价值选择。在公益宣传过程中，坚持育人导向，突出价值观引领。全面统筹各领域、各方面、各环节的育人资源和育人力量，培育公益精神、实行“全人”教育，推动知识传授、能力培养与理想信念、价值理念、道德观念的有机融合，建立系统化观念育人长效机制。

2. 实践育人的路径

“格物致知”来源于《礼记·大学》，意思是“推究事物的原理法则而总结为理性知识”。这个推究、考察的过程就深刻体现了实践育人的观念。公益宣传与公益服务、社会实践活动所蕴含的精神内核是一致的，都体现了理论教育和实践养成的结合。通过整合公益活动资源，强化项目式管理，搭建多元化传播平台，不断完善支持机制，教育引导学生在公益宣传项目的亲身实践中，树立家国情怀。

3. 服务育人的路径

在公益宣传活动中，把握对象化的发展需要，不断增强服务育人的供给力，强化公益文化的理解力、感悟力，强化服务对象的同理心，提供精准化的靶向服务。同时，只有扎根社区、深度挖掘、体验式学习，才能为深度服务提供有效的条件保障。需要沉下心来，扎扎实实做好公益宣传的调查研究工作，只有在深度接触和实践的基础上才能掌握一手资料，进一步缩短与受众的心理距离，不仅为积极帮助解决能力范围内的合理诉求提供现实化路径，也为公益宣传提供鲜活的素材。

总之，公益宣传能够让青年大学生了解国情、社情、民情，是一次深度洞见学生内在需求的见证机会，解决了思政教育“最后一公里”的落地问题。它带来的不仅仅是一些有价值的公益宣传文化空间的构建，也不仅仅是增强供给能力的思政服务育人质量的提升，更是从优化外部供给到关照内在需求的一个交融、共促的思政工作着力点，是由“大水漫灌”向“精准滴灌”的育人思路转变、由“输血式”向“造血式”跨越的重要一环，不断触发人们对公共领域和公共利益的自觉认同，也为公益宣传的可持续、纵深化、多维度提供了可能。

实践活动

策划一场公益宣传活动

现如今，公益宣传活动已十分普遍，但有的做得风生水起，有的参与度却极低。如何才能策划好一场公益宣传活动呢？我们需要从敲定活动主题、细化活动流程、盘算活动物资、启动宣传窗口等多方面综合考量。围绕一个活动主题，和小组同学一起策划一场针对性强、涉及面广、影响力大的公益宣传活动；同时，对活动筹备、活动进程、宣传窗口、活动总结等进行记录。

【结果评价】

根据表 5-3 对学生的公益宣传活动策划进行评价。

表 5-3　评价表

操作内容		配分	评分内容及评分标准	自我评价	教师/同学/家长评价
活动主题		10 分	结合热点，主题具有一定的目的性		
活动方案	策划	25 分	活动主题及时间、场地、人物的确定（5 分）		
	流程		时间节点（物资、外联、设备、宣传等）（5 分）		
			各环节衔接（10 分）		
			保障及预案（5 分）		
活动物资		5 分	联动部门、企业、人员及需要的物资、设备等		
活动进程		25 分	严格执行活动方案（10 分）		
			活动效果（10 分）		
			突发事件的处理（5 分）		
过程记录		5 分	包括视频、音频、图片和文字记录等		
宣传推广		20 分	传统媒体和新媒体同步宣传		
总结反思		10 分	语言流畅，观点鲜明，具有一定的归纳总结能力和反思力		
总计			100 分		

第三篇　劳动创造价值

第六章　基础护理技术

第一节　老人的照顾

《中国老龄产业发展报告》指出，到 2030 年，我国 60 岁以上老人将由 2.6 亿增长到 3.7 亿，“空巢老人”占老年人口比例将接近 50%，而失能、半失能老人占比将达 18.3%。孝敬老人是我们应尽的义务，是中华民族的传统美德，但生活节奏的加快、工作任务的加重以及竞争压力的加大，让很多家庭对此感到棘手。在照顾老人方面，我们也要尽自己的一份力量。首先，我们需要了解一些陪护老人的基本知识。

一、老年人的需求

重视和理解老年人的特点，解决老年人的正常需求，对稳定老年人的情绪、维护老年人的健康有很重要的作用，老年人常见的需求有以下几个方面。

（一）健康需求

这是老年人最普遍的一种需求。人到老年，常有恐老、怕病、惧死的心理。

（二）工作需求

退休的老年人大多尚有工作能力，希望再次从事工作，体现自身价值。

（三）依存需求

人到老年，精力、体力、脑力都有所下降，有的生活不能完全自理，希望得到关心照顾，子女的孝顺将会使他们感到老有所依。

（四）和睦需求

老年人都希望自己有个和睦的家庭环境，不管家庭经济条件如何，只要全家和睦，邻居关系融洽，互敬互爱，互相帮助，老年人就会感到温暖和幸福。

（五）安静需求

老年人一般都喜欢安静，怕吵怕乱。

（六）支配需求

老年人原来多为一家之主，掌握家中的支配权，但由于年老后社会经济地位的变化，老年人的家庭地位、支配权都可能受到影响，这也可能造成老年人的苦恼。

（七）尊敬需求

老年人离开工作岗位可能会情绪低落，如果得不到尊重，就会产生悲观情绪，甚至不愿出门，长期下去，则会导致抑郁和低沉，为疾病埋下祸根。

（八）求偶需求

老年人丧偶后生活寂寞，子女照顾也非长久之计，所以子女应该支持老年人的求偶需求。

二、老年人易患的疾病

人在变老的过程中，机体免疫功能下降，可能发生一些疾病，如高血压病、冠心病、糖尿病、恶性肿瘤、痛风、退行性骨关节病、老年人慢性支气管炎、肺气肿、肺源性心脏病、老年性白内障、老年性骨质疏松症、老年性皮肤瘙痒症、老年肺炎、高脂血症、颈椎病、前列腺肥大、老年性痴呆、老年性耳聋等。

三、老年病的防治

（一）饮食防治

防治老年病的措施是多方面的，首先要注意合理膳食。在饮食方面，应尽可能平均分配一天的摄食量，做到少食多餐，一日四餐、五餐最佳，每顿饭只吃七八分饱。老年人宜食用低动物脂肪、低胆固醇、低盐的食物，多食用富含纤维素、维生素、微量元素的蔬菜和水果。海鲜类食物由于含有较高的胆固醇，不宜多吃。避免吃刺激性的食物，喝刺激性强的饮料，这样不仅可预防多种癌症和心脑血管疾病的发生，还有助于保持精力。戒除吸烟等不良嗜好，保持个人卫生，避免长期卧床以及呼吸道感染、便秘、过劳、跌倒及其他意外发生。定期进行身体检查，做到对老年病早发现、早治疗。

（二）运动防治

适当的运动可以提高心肺功能，保护心血管，还可以防止骨质疏松，减轻精神压力。对老年人来说，有氧运动是最适合的锻炼方式，如散步、慢跑、游泳、跳舞、骑自行车等。锻炼时应遵循从低到高，从小运动量开始，循序渐进、持之以恒的原则，同时要注意根据季节和个人情况选择合适的运动项目。运动时间每周三次到五次，每次在30分钟以上，且锻炼的时间尽量选择在下午和晚上。如果清晨锻炼，则不宜空腹进行。合理膳食和适量运动能帮助老年人保持合适的体重、预防多种严重的老年病。已经患病的老年朋友在自身努力和医生的帮助下通过适合适量的运动，也可使疾病得到有效控制和缓解。

拓展阅读

老年人七忌

一忌用硬毛牙刷。老人牙龈脆弱，使用硬毛牙刷会因硬质毛束的碰撞，造成创伤性牙龈破损，从而引起牙周病，建议使用柔细软毛牙刷。

二忌吃得过饱。老年人胃肠消化功能减退，吃得过饱可致上腹饱胀，影响心肺正常活动，加之消化食物时大量血液集中到胃肠中，导致心脑供血相对减少，容易诱发心肌梗死和中风。

三忌贪杯狂饮。饮酒过量会使血管扩张、血压下降诱发心绞痛，或使血压突然升高，引起脑出血。

四忌饮食过咸。吃盐过多，会增加循环血量，而老人肾脏排钠功能减弱，会导致血管收缩、血压升高和心脏负荷加重，甚至诱发心力衰竭。

五忌睡弹簧床。睡弹簧床使老人身体中段下陷，虽然身体上面的肌肉可放松，但下面的肌肉却被拉紧，这容易使患有腰肌劳损、骨质增生、颈椎病的老人加重症状。

六忌久坐后猛然站起。老人久坐后起身过快会使脑血量相对减少，造成暂时性脑缺血，出现头晕、眼花、心慌，容易跌倒，导致意外创伤。

七忌洗澡过勤。老人皮肤变薄变皱，皮脂腺萎缩，过勤洗澡易使人疲乏，并使皮肤因缺乏油脂而干燥。倘若再用碱性或酸性香皂，皮肤受到刺激而发生痛痒或裂纹，很容易引起皮肤感染。

四、学生陪护老人的技巧

（一）全面了解老人需求

研究表明，孤独感会增加早逝的风险。因为晚辈们要上班上学，无法长时间陪护，老人便会产生孤独的感觉。我们要多和老人交流，了解老人到底需要什么，给予老人更多的关怀。

（二）制订合理陪护计划

如果老人喜欢玩游戏，则可在电视、电脑上安装一些操作简便的游戏；如果老人喜欢宠物，则可喂养一只老人喜欢的、温顺易养的宠物。

（三）合理安排作息时间

要做到上学、陪护两不误，就需要合理安排时间，包括自己的作息时间和老人的作息时间，最好制定一个时间表。

（四）独处期间有事可做

在上学前，可以给老人安排一些他乐于完成的任务，让老人为完成任务而忘记孤独或者病痛的折磨。如：喜欢游戏的要老人把积分打到多少分，喜欢宠物的让老人教会宠物什么动作，喜欢看电视的让老人把某电视剧看到多少集，等等。通过让老人做一些事情，排解老人的孤独。

（五）让老人有朋友交流

放学后，在保证安全的情况下，引导老人参与一些公共活动，与其他朋友一起交流。如：可用轮椅将老人推到小区活动空间，与其他人交流聊天。

（六）关注细节及时提醒

老人记忆力不大好，在服药、就餐等问题上，要注意提醒。在提醒时不要采用命令式语言，而要采用关怀式语言，让老人体会到你对他的关心。

（七）情绪乐观温馨相待

不要让老人看到你疲惫焦虑的样子，虽然学生课业负担较重，但我们还是应该用快乐的情绪感染老人。回家后除了做作业或者家务，还要与老人讲讲一天的趣事，让老人感觉到你在学习中的快乐，以免老人产生愧疚心理。

（八）外出陪同确保安全

就医时，我们应该尽量陪同，这样父母和医生交流时，我们可以陪护老人，避免意外事件发生。

五、老年人常见疾病护理

（一）高血压患者的护理

按病情而定，注意劳逸结合，保证睡眠，避免过度紧张及劳累，适当进行锻炼，如太极拳、气功、散步等，有心、脑、肾功能障碍患者须卧床休息。适当控制钠盐摄入，每天限摄取 5 克以下。保持低饱和脂肪、低胆固醇饮食，多吃含维生素的蔬菜和水果，避免吃刺激性食物；肥胖者应节制饮食，禁烟酒。

注意对老人的观察，若出现剧烈的头痛、呕吐、视力模糊、心悸、气促、肢体功能障碍等现象应及时去医院诊治，平时每天测量血压 1～2 次以便了解病情。

（二）冠心病患者的护理

避免过度劳累，根据病情可适当活动，以促进心脏侧支循环和改善储备功能。心绞痛时应静卧休息。吃低动物脂肪、低胆固醇、少盐低热量和适量蛋白质食物，少食多餐，不宜过饱，戒烟酒，避免吃刺激性食物。避免排便用力，以防因腹内压急剧升高，影响心功能。两天不排便者可服润肠通便类药物。患冠心病的老人常有恐惧、沮丧的心理，我们应给予心理支持，增加其安全感。

（三）糖尿病患者的护理

饮食的控制和调节是糖尿病治疗的基本措施，最终目的是减轻胰岛负担，促进胰岛功能恢复。饮食应根据病情、身高、体重、劳动强度和有无并发症等因素调节，在饮食控制的同时需要全面掌握患者进食。生活要有规律，保证充足的睡眠，劳逸结合，如重症和有严重并发症的须卧床休息。由于糖尿病的高血糖及维生素 B 代谢紊乱可导致皮肤干燥、瘙痒，故应经常用温水擦洗。因为糖尿病会导致末梢神经功能障碍，故病人对热感觉不敏感，易引起烫伤，一定要注意。衣着、鞋袜要宽松，防止脚趾端坏疽。因糖尿病是终身疾病，患病老人容易出现焦虑等心理问题，必须认真做好病情解释，使老人认识到糖尿病是可以控制的，以增加其治疗信心。

（四）老年性痴呆患者的护理

对患有老年性痴呆的老人，要重视情感的交流，主动接近老人，多说亲切的话语，做些爱抚的动作，使老人感受到关爱和温暖。平时要加强防护，防止意外，不要让老人单独外出，可在口袋内放置或在衣服上缝上带有姓名、地址、联系电话等信息的安全卡。不要让老人接近危险物品，如刀刃、火、药物等。因老人的自理能力差，故需要在生活上给予体贴入微的照顾，避免各种负面的心理刺激，鼓励用脑锻炼。对卧床不起的老人须每 2 小时翻身一次，预防褥疮，定时进行肢体被动运动以防肌肉萎缩及关节僵直。

（五）褥疮患者的护理

重病的老人，由于常年卧床，易发褥疮，所以要避免局部长期受压，应经常更换卧位，每 2～3 小时翻身一次，翻身时尽量将老人身体抬起，避免拖、拉、推等动作，以防擦伤皮肤。骨隆突处可垫海绵垫、软枕、棉垫、棉圈。应保持床铺平整无皱褶、清洁、干燥。大小便失禁的老人，应经常用温水清洗局部，涂油，并及时更换尿布。使用便盆时，应抬高臀部，不要使用瓷便盆，以防擦伤皮肤。经常用温水擦澡、擦背或局部按摩，检查受压部位，定时用50%酒精或红花酒按摩全背或受压处，以起到通经活络、促进血液循环、改善局部营养状况、增强皮肤抵抗力的作用。

（六）腹泻患者的护理

老年人消化功能减弱，抵抗力降低，夏秋季容易患肠道疾病引起腹泻，如急性肠炎、急性菌痢等。腹泻时应适当食用一些营养丰富而容易消化的食物，如藕粉、鸡蛋面糊、豆浆、细面条、豆腐脑、大米莲子粥、小米粥等，并应做到少食多餐、细嚼慢咽，以利营养素被机体消化吸收。老人腹泻时常有不同程度的脱水，因此，还应鼓励病人多喝淡盐开水、菜汤、米汤等，以补充损失的水分和无机盐，维持体内酸碱平衡，促进早日康复。

实践活动

老人护理活动

请大家积极参加学校或者社会组织的老人护理志愿活动，运用我们学到的知识好好陪一陪老人吧！

【结果评价】

根据表6－1对此次老人护理活动进行评价。

表6－1　评价表

操作内容	配分	评分内容及评分标准	自我评价	教师/同学/家长评价
习惯与态度	20分	能够每天精心照顾老人，态度始终和善，为老人办事认真细致		
陪护计划	10分	陪护计划合理，各种安排井井有条，切实可行		
时间安排	10分	合理安排时间，尽量多陪陪老人		
陪护细节	10分	能了解老人的需求，注意老人的情绪和身体状况，及时在一些生活细节方面提醒帮助他们		
安全意识	20分	能提前预防安全隐患，并及时消除		
陪护效果	30分	老人身心健康，体会到晚辈的关心，家庭气氛温馨		
总计		100分		

第二节　幼儿看护

对周围的事物总是充满好奇和探究兴趣，活泼好动，喜欢尝试，这不仅是幼儿了解和认识这个世界的主要方式，也是其成长的动力。然而，在幼儿与周围环境互动的过程中，总是免不了事故的发生。如何让幼儿远离意想不到的伤害，又如何处理各类事故呢？下面我们来学习一下幼儿看护的基本知识。

一、伤害事故及应急处理

（一）幼儿相互抓伤

1. 相互抓伤的原因

由于幼儿年龄小，思维和行为活动带有明显的随意性，自控能力差，又缺乏生活经验，还未学会与同伴协商和友好相处，在活动中或者游戏中看到自己喜欢的东西，就会用手去抓、去抢，也就不可避免地会发生相互抓伤事件，因此要加倍关心和爱护幼儿，尽可能防止幼儿之间发生争执，当幼儿之间发生争执时，要及时制止，避免事态升级。

2. 抓伤的应急处理措施

应及时转移幼儿的注意力，让他们忘记刚刚发生过的不愉快，从心理上减轻抓伤带来的疼痛感。例如，可以用玩具、唱歌或者游戏等方式转移幼儿的注意力。在安抚的同时，要及时为他们擦药，先用生理盐水或者纯净水清洗伤口，再用医用碘伏消毒，如果伤口比较深，最好及时送往医院就医，必要时应打破伤风针。

3. 抓伤的预防措施

（1）创设宽松的游戏环境。在进行游戏活动的过程中，尽可能为幼儿创设宽松的活动环境。

（2）让幼儿学习礼貌用语。在日常生活、学习和游戏活动中，应让幼儿学会“三会”：会使用尊称，不直呼长辈姓名，不给他人起外号；会使用谦让语，如“对不起”“没关系”“请”等；会使用问候语，如“早上好”“晚上好”“再见”等。

（3）教给幼儿与同伴交往的技能。教会幼儿善于倾听，敢于接受批评和宽容他人的错误等。幼儿的生活经验丰富了，就能够与同伴友好交往，相互之间就不会发生争执与打闹了。

(4) 帮助幼儿修剪指甲。造成抓伤的主要原因之一就是幼儿指甲过长。因此，应经常检查幼儿双手，为其修剪指甲。

(二) 幼儿烫伤

烫伤是指由热水、蒸汽、火焰等高温物体造成的热烧伤。幼儿由于好奇心强，对危险因素的认识不足，在日常环境中容易发生烫伤意外，重者可造成局部和全身严重伤害。烫伤的程度取决于烫伤的方式和烫伤面积，其病理变化与临床症状主要反映在局部组织和全身变化两方面。

幼儿烫伤多是热水、热粥、热汤溢出、容器翻倒或幼儿玩火所致。由于幼儿自我保护能力差，稍有疏忽就可能遭到意外伤害，因此要多加注意。幼儿喝的水要待温度适宜再装到桶里，食堂的饭菜要待温度适宜再送到桌上。当烫伤事故发生后，可按“五字诀”——“冲”“脱”“泡”“盖”“送”来处理。

(1) 冲——要立即用冷水冲洗伤处，降低受伤部位的温度，以免伤害加深。

(2) 脱——在水中小心地脱去覆盖在烫伤处的衣物，以免身上衣物与伤口粘连，造成之后医生处理上的困难。

(3) 泡——持续在冷水中浸泡烫伤部位 30 分钟，无法浸泡的部位可用毛巾湿敷。

(4) 盖——在创面涂一些治疗烫伤的药膏，涂完药后，盖上消毒纱布或干净的毛巾。

(5) 送——立即送到医院做进一步治疗，途中为避免创面受污染，应在创面上盖一层干净的衣物或床单。

严重烫伤的幼儿，在送往医院的途中可能会出现休克或呼吸、心搏骤停，发生这种情况时，应立即进行人工呼吸或胸外心脏按压。幼儿口渴时，可给其服用少量的淡盐水，绝不可以在短时间内让其饮服大量白开水，否则会导致受伤幼儿出现脑水肿。

拓展阅读

幼儿十大安全隐患

1. 溺水：应教育孩子远离野外水塘、水库等，更要告诫孩子不要单独下水。即便是去正规场所游泳，最好也要有成人陪同。

2. 交通安全：教育孩子永远站在黄线的后面等车，教孩子认识轨道交通上的警示信号和警示标志，告诉孩子永远不攀爬轨道前的任何栏杆，在等待时，不要让孩子玩球一类会滚动的玩具。

3. 动物咬伤：每年的5～10月是狂犬病高发期，且该病潜伏期很长。夏天孩子们常在外玩，请务必看护好孩子远离猫狗，不要和孩子招惹猫狗。一旦发生意外，及时就医打疫苗。

4. 滞留车内：无论何时都不要将孩子单独留在车内。车内密闭狭小的空间容易造成儿童缺氧，严重情况下可能导致窒息。高温、缺氧等情况都会夺走孩子的生命。

5. 拐卖诱骗：拐卖和走失儿童，是目前社会各方都极其关注的话题。有孩子的家庭，应多关注这方面的新闻，掌握公安部门总结的预防措施。

6. 触电：最好在插座上装上防电的盖子，一旦触电，立即关闭电开关；如果离开关较远，先用干木棍把孩子与电源分开，再将孩子移到通风的地方，松开衣服，进行人工呼吸。

7. 坠楼：孩子天性好动，千万别让孩子脱离大人的视线。别让孩子单独在阳台玩耍，最好在阳台门口加围栏，使孩子无法通过。此外，绝对不可在阳台上放置垫脚的东西，以防万一。

8. 烫伤：夏季穿着较单薄，这增加了烫伤的可能性，在平时生活中要注意将热水、热汤、热粥等放置在安全的地方。一旦发生烫伤要用流动水冲洗伤口，不要涂抹牙膏等物品，并及时送往医院做专业处理。

9. 误食：尽量将药品存放在孩子取不到的地方，但是一旦孩子误服了药品，就应立即送往附近的医院抢救。家长还要辨明孩子吃的是什么药物或毒物，如果搞不清楚，就要将装药品或毒物的瓶子及孩子的呕吐物一同带往医院检查。

10. 浴缸：调查显示，在家中溺水身亡的孩子中，80%在4岁以下。专家称，约2.5cm深的水就足以淹死孩子。也许你不信，但想象一下，如果孩子面朝下摔在浴缸里的话，这一点点水也会致命。因此，孩子在浴缸里洗澡时，必须有成人陪伴。

二、食品药品事故及应急处理

（一）幼儿食物过敏

1. 食物过敏的症状

幼儿由食物引起的过敏反应，可以在吃入食物后数分钟到数小时内发生，常见症状有呕吐、腹泻、腹痛、肿胀、荨麻疹、湿疹、嘴唇或口腔发痒、喉咙发痒或发紧、呼吸困难、血压降低等。幼儿发生食物过敏反应的概率为6%～8%，食物过敏患者常伴有支气管哮喘，对牛奶过敏的儿童，哮喘的发病率可高达26%。

2. 食物过敏的应急处理措施

幼儿要经常补充维生素C，多吃富含维生素C的食物，如青椒、奇异果、草莓、木瓜等蔬菜和水果。多摄取富含ω-3脂肪酸的食物，ω-3脂肪酸可抑制身体内的炎症与过敏反应，如多摄取亚麻籽油或补充深海鱼油等。多补充肠道有益菌，如乳酸菌、优酪乳等可以调整人体肠道内菌丛生态，增强体内益生菌菌群，提高肠道黏膜的免疫力，减少过敏。

3. 食物过敏的预防措施

食物过敏是没有药物可以预防的，只能尽可能地避免食用会引起过敏的食物。一旦医生诊断出某些食物会造成过敏，就应避免食用。那么，如何减少幼儿食物过敏情况的发生呢?

(1) 不让幼儿食用容易过敏的食物。从饮食的角度讲，比较容易引起过敏的食物主要有以下几类：蛋奶食品、肉类食品、油炸食品、冷冻食品、辛辣食品、海鲜。

(2) 多吃提高免疫力的食品。让幼儿多吃一些能够提高身体免疫力、减少过敏症状的食物，如大豆、荞麦、糙米、栗子、青椒、胡萝卜、豆制品等，同时可以让幼儿多食用核桃、苹果等干果和水果。

(二) 幼儿噎食

1. 幼儿噎食的症状及原因

噎食是指食物堵塞咽喉部或卡在食道的狭窄处，甚至误入气管，阻塞气道，引起呼吸困难甚至是窒息。3～4岁的幼儿最容易发生异物阻塞呼吸道的情况，主要是因为这个年龄段的幼儿臼齿尚未萌出，咀嚼能力太差，咽喉保护性、防御反射功能都不强。幼儿在进食或玩耍时，如果口中含有瓜子、花生米、果冻或其他异物，突然大哭或者咳嗽后大口吸气，极易将异物吸入气管，阻塞气道。如果不及时救治，有发生窒息的危险。

2. 噎食的应急处理措施

一旦幼儿发生噎食，可采取以下急救法：如果孩子仍保持清醒，可采取坐位或站位，在孩子背后，双臂环抱孩子，单手握拳，使拇指关节凸出点顶住孩子的腹部正中线脐上部位，另一只手的手掌压在前手拳头上，连续快速向内、向上推压冲击6～10次（注意不要伤及幼儿肋骨）。

按上述方法冲击幼儿脐上部位，这样冲击上腹部，可使胸腔压力迅速增大，肺内空气被迫排出，使阻塞气管的食物上移，并被驱出。如果没有效果，可以隔几秒钟重复一次，造成人为咳嗽，将阻塞食物冲出气道。如果还无效，就要立即送医院处理。

3. 幼儿噎食的预防措施

要预防噎食，就应根据幼儿的年龄或实际情况提供适当的食物；可改变某些食物的质地和大小，如将肉切碎、剁碎、撕碎或切成片，水果可以捣碎或切成小片；避免幼儿食用一些难以咀嚼的食物，如坚果、硬糖、鱼丸和爆米花等；让幼儿在安静的环境中，坐下进食。概括来讲，预防幼儿噎食就要做到“四宜”：食物宜软、进食宜慢、心宜平静、食宜适量。

实践活动

“不跟陌生人走”教育活动设计

家长和教师应教育幼儿不接受陌生人的东西，不跟陌生人走，提高幼儿自我保护的意识和能力。假如你是看护者，你要怎样设计这样的教育活动呢？同学们可以分组讨论及演练，所有的设计都需要考虑到以幼儿的理解能力和领悟能力为基础。同时，做好活动记录，包括：讨论实施方法、编写活动方案、进行演练、全面总结等。

【结果评价】

本次教学活动为幼儿创设了一个模拟情境，通过情境表演，亲身体验，引导幼儿主动建构经验，去体验，去思考，从而生成有效的教学活动。在活动中，幼儿积累了经验，提高了安全意识和自我保护能力，真正体现了安全教育的意义。

根据表 6－2 对“不跟陌生人走”教育活动的策划进行评价。

表 6－2　评价表

操作内容	配分	评分内容及评分标准	自我评价	教师/同学/家长评价
活动设置	20 分	根据幼儿理解与认知水平设置活动内容		
辅助设备	10 分	利用多媒体等辅助教育工具，便于幼儿的认知		
情节设计	20 分	合理安排幼儿生活中常见的场景，建构经验		
安全意识	20 分	能提前预防安全隐患，并及时消除		
教育效果	10 分	不同场景的引申教育，引发幼儿思考		
情绪安抚	20 分	幼儿活动结束，听音乐做放松动作		
总计		100 分		

第三节　急救常识

一、家庭常备药品

根据家庭成员的构成，家庭药箱应主要覆盖内服药、外用药、特殊人群用药和辅助用品四大类别。

（一）内服药

内服药常见的有感冒药、解热镇痛药、止咳化痰药、止泻药、通便药、抗过敏药、助消化药七大类，一般不推荐储备抗菌类药物。

1. 感冒药

可备酚麻美敏片、维C银翘片。感冒是自限性疾病，一般不用药物治疗，但服药可缓解症状。需要留意的是，很多感冒药都含有相同的成分，为避免重复用药，应严格按推荐的剂量和用法服用。

2. 解热镇痛药

常见的有布洛芬混悬液、对乙酰氨基酚片。该类药物主要用于缓解感冒后发热、头痛、关节痛等症状。

3. 止咳化痰药

可备氢溴酸右美沙芬片、蛇胆川贝枇杷膏、盐酸氨溴索片、乙酰半胱氨酸颗粒等。

4. 止泻药

可备口服补液盐散、蒙脱石散。前者能预防和纠正腹泻导致的脱水；后者是高效消化道黏膜保护剂，能够改善肠道的吸收和分泌功能。

5. 通便药

可选乳果糖。它不被人体吸收，能够通过刺激结肠蠕动，缓解便秘，尤其适宜老年人、孕产妇、儿童及术后便秘者。

6. 抗过敏药

可选氯雷他定，该药属于抗组胺类抗过敏药，适用于皮肤过敏、食物及药物过敏等。氯雷他定除了有片剂外，还有方便儿童服用的糖浆剂和滴剂。

7. 助消化药

如多酶片、健胃消食片等。

（二）外用药

外用药主要有外用消毒药，如75%乙醇（酒精）、碘伏等；其他外用药如云南白药、风油精等。另外，创可贴、灭菌医用棉签、纱布、绷带等卫生材料也要备齐。

（三）特殊人群用药

特殊人群用药是根据家庭成员实际需求准备的药。

（四）辅助用品

辅助用品主要包括小药箱、方便小药盒、定时药盒、切药器、研磨器等。

拓展阅读

家庭常备药物管理

家庭中储存一些常用药物对家庭保健有很多益处。但如不注意合理保管，容易造成药物变质失效。家庭常备药物的管理应注意以下几点：

(1) 防止日照。有些药品一经日光照射就会发黄，这类药物应放在有色玻璃瓶中防止变质。应避光储存的药品有：氢化可的松、去甲肾上腺素、维生素C、肾上腺素等。

(2) 防止氧化。有些药品在空气中遇氧容易发生氧化变质，故应密封保存。这类药品有：鱼肝油、氨茶碱、维生素C、碘化物类等。

(3) 防止遇热。很多药品在高温下容易引起细菌、霉菌大量繁殖，致使药品发霉变质，这类药品应放在阴凉处保存。这类药品有：维生素D针剂、促皮质激素、辅酶A、催产素以及各种生物制品等。

(4) 防止挥发。有的药品在常温下暴露于空气中容易挥发，这类药品除密闭外还应放在低温下保存。这类药物有樟脑、薄荷脑、各种香精、丁香油、乙醇、乙醚、各种酒精制剂等。

(5) 防止失效。部分药品规定了有效期或失效期，过期则不宜再用。

(6) 防止误服。储备药品过多或时间长了容易记不清是什么药或药品失效而误服，引起不良后果。所以，一定要注意勤检查药品是否过期、变质；还需要分类存放，并标明药名、剂量、有效期，以免药物过期失效或误服。

二、家庭急救常识

见表 6 - 3。

表 6 - 3　家庭急救常识

事件	急救办法	绝对禁止	警示情况
异物入眼	首先用力且频繁地眨眼，用泪水将异物冲刷出去；如果不奏效，就将眼皮捏起，然后用水龙头冲洗眼睛	不能揉眼睛，无论多么细小的异物都可能会划伤眼角膜并导致感染	如果是腐蚀性液体溅入眼中，必须马上去医院进行诊治；倘若经过自我处理后眼部仍旧不适，出现灼烧、水肿或是视力模糊的情况，就必须马上去医院进行诊治
流鼻血	身体微微前倾，并用手指捏住鼻梁下方的软骨部位，持续5～15分钟。如果有条件的话，放一个小冰袋在鼻梁上也有迅速止血的效果	禁止用力将头向后仰起的姿势，这样会使鼻血流进口中，慌乱中很可能还会有一部分血液被吸进肺里，这样做既不安全也不卫生	如果鼻血持续流上20分钟仍旧不停，或者伴随着头痛、耳鸣、视力下降以及眩晕等其他症状，或是流鼻血的次数过于频繁且原因不明，都务必去医院诊治
扭伤	在扭伤发生的24小时之内，尽量做到每隔一小时用冰袋冷敷一次，每次半小时。将受伤处用弹性压缩绷带包好，并将受伤部位垫高。24小时之后，开始换为热敷，促进受伤部位的血液流通	不能随意活动受伤的关节，否则容易造成韧带撕裂，恢复起来相对比较困难	如果经过几日的自我治疗和休息之后，患处仍旧疼痛且行动不便，那么有可能是骨折、肌肉拉伤或者韧带断裂，需要立即到医院就医
手指切伤	如果出血较少且伤势并不严重，可在清洗之后，以创可贴覆于伤口。不主张在伤口上涂抹红药水或止血粉之类的药物，只要保持伤口干净即可	—	若伤口大且出血不止，应先止住流血，然后立刻赶往医院。具体止血方法是：伤口处用干净纱布包扎，捏住手指根部两侧并且高举过心脏，因为此处的血管是分布在左右两侧的，采取这种手势能有效止住出血。使用橡皮止血带效果会更加好，但要注意，每隔20～30分钟必须将止血带放松几分钟，否则容易引起手指缺血坏死

续表

事件	急救办法	绝对禁止	警示情况
鱼刺卡嗓	1. 用手指或筷子刺激咽后壁，诱发呕吐动作，以帮助排出咽部鱼刺。 2. 用手电筒或台灯照亮口腔内部，用筷子或勺柄将舌面稍用力向下压，同时让患者发“啊”声，以便清晰地看到咽部的全部情况。 3. 若发现鱼刺，可用长镊子或筷子夹住鱼刺，轻轻地拔出即可。 4. 位置较深、拔出困难的鱼刺，应立即去医院，由医生处置	鱼刺卡在嗓子里，千万不能囫囵吞咽大块的馒头、饭团等食物。虽然有时这样做可以把一些小鱼刺带除，但有时不仅没把鱼刺除掉，反而使其刺得更深，更不易取出，甚至引起感染	较大或扎得较深的鱼刺，无论如何做吞咽动作都会疼痛不减。如果喉咙的入口两边及四周均不见鱼刺，就应去医院治疗；如果鱼刺除不掉，自己仍感到不适，也应到医院请医生诊治
窒息	1. 首先要迅速叫救护车。 2. 在等待救护车的同时，需要采取以下措施：让患者身体前倾，用手掌用力拍患者后背两肩中间的位置。如果不奏效，那么需要站在患者身后，一只手用拳头抵住患者的腹背部，用另一只手握住那个拳头，上下用力推进推出五次，帮助患者呼吸。 3. 患者也可以采取这样的自救措施：将自己的腹部抵在一个硬质的物体上，比如厨房台面，然后用力挤压腹部，让卡在喉咙里的东西弹出来	不要给正在咳嗽的患者喂水或是其他食物	只要发生窒息，都需要迅速叫救护车抢救患者
中暑	在发病现场，抢救中暑最重要的就是要迅速降低患者体温，主要的救助措施有： 1. 脱离热源环境：可以迅速将患者转移至阴凉通风处或有空调的房间。 2. 迅速降低体温：采用加速散热的方法，如用湿凉毛巾放在患者头颈部、腋下、腹股沟等处冷敷，或将患者置于28～30℃的水中，或电风扇吹风的同时往患者身上洒水等。在实施上述措施的同时还要按摩患者肢体，加速散热，降低体温。 3. 补充水分和盐分：及时饮用含盐的水。 4. 如果30分钟内患者情况没有改善，应寻求医学救助。如果患者没有反应，应开放气道，检查呼吸并给予适当处置	—	对于重症高热患者，降温速度决定预后。体温越高，持续时间越长，组织损害越严重，预后也越差。体外降温无效者，用4℃冰盐水进行胃或直肠灌洗，也可用4℃的5%葡萄糖盐水或生理盐水1 000～2 000ml静脉滴注，但开始速度宜慢，以免引起心律失常等不良反应。必要时，需进行床旁血液净化治疗。同时加强监测和对症治疗

三、紧急救护

所谓紧急救护，是指有人发生意外事故或急症，在未获得医疗救助之前，为防止病情恶化、减少病人痛苦和预防休克等而对患者采取的一系列急救措施，又称院前急救。其目的是维持、抢救伤病员的生命，改善病情，减轻伤病员痛苦，尽可能防止并发症和后遗症。

在我们生活、工作、学习的场所经常有人出现意外伤病，紧急伤病事件发生的最初十分钟是急救处置的关键时期。比如心跳骤停，大量急救案例实践证明：4 分钟内进行复苏者，有大约 32%能被救活；4～6 分钟开始进行复苏者，仅 10%可以救活；超过 6 分钟者，存活率仅为 4%；而 10 分钟以上开始复苏者，几乎无存活可能。然而，以现在的大中型城市急救半径覆盖能力，医务人员很难在十分钟内到达救治现场。因此在医务人员赶到现场前，如果能采取及时、正确的应急救护措施，就能为医院救治创造条件，有效地降低死亡率和伤残率，所以这十分钟也被称为“白金十分钟”。

白金十分钟自救互救，是我们国家率先提出来的。心肺复苏术和气道异物梗阻急救法是白金十分钟内自救互救技能的重要内容，学会急救技能关键时刻能救人性命。

（一）心肺复苏（CPR）

当我们身边有人因为食物药物中毒、心脏病、高血压、触电、气体中毒、异物堵塞呼吸道、溺水而导致呼吸困难或心脏骤停时都可以进行心肺复苏。

1. 心肺复苏前的准备工作

（1）确保自身安全。观察周围环境，确定环境安全，确保做好自身的防护。

（2）判断病人的意识。将患者平放于硬质的平面上，面朝天仰卧位，检查患者的反应。拍打双肩，呼唤双耳，手指掐压人中，用力掐虎口、耳垂，以判断患者的反应，如果没有反应表示意识丧失。

（3）呼救。可以大声呼喊，先寻求身边人的帮助，同时拨打“120”。拨打急救电话时，先说明患者所在的详细地址，其次说清楚患者基本情况，如：年龄、性别、患者现在的症状（如昏迷、失血过多、急腹痛等）。然后，要记住给“120”接听者留下呼救者联系人的电话号码及姓名，以便救护人员在找不到地址时，可以及时与呼救者联系人联系。呼救后要做出发准备，要查看患者周围的情况，及时清除患者周围的障碍物，确保救护人员方便搬运抬护患者。随时观察患者的情况，必要时要做一定的救护处理。

(4) 检查。要同时判断患者有无呼吸和大动脉搏动。方法是：暴露患者的胸廓，除去患者的外衣，用眼睛观察患者的胸部有无起伏运动，用耳朵听患者有无呼吸音，用面颊感觉患者是否还有气流呼出。在判断呼吸的同时也要判断患者的大动脉搏动，一般判断颈动脉的搏动，搏动的触点在甲状软骨旁，胸廓乳突肌的沟内，也就是甲状软骨旁开两指左右的凹槽内。如果二者都没有，则立即进行胸外按压。需要强调的是，以上两点是同时进行的，而且要在 10 秒以内完成，如果 10 秒内仍不能确定有无脉搏，则视为无脉搏。

胸外按压是心肺复苏最重要的内容。完成检查后，如发现患者无呼吸、无脉搏，要马上对患者进行胸外按压。

2. 胸外按压

(1) 按压姿势。先使患者平躺在坚硬的地面上，抢救者跪在患者左侧。一手的掌根部紧贴于胸部按压部位，另一手掌放在此手背上，两手平行重叠，且手指交叉互握稍抬起，垂直下压。抢救者的双臂应该绷直，双肩中点垂直于按压部位，利用上半身的重量和肩、臂部的肌肉力量按压。

(2) 按压位置。按压的部位是胸骨下半部，也就是双乳头连线的中点。

(3) 按压频率。按压速度是 100～120 次/分钟，按压一定要平稳、有规律地进行，不能间断，下压与向上放松时间相等，不能冲击式地猛压或跳跃式地按压。按压的时候嘴里数数，尽量数出来，以保证按压的频率，尽量减少按压的中断。

(4) 按压深度。按压的深度是成人 5～6cm，儿童是 5cm，如果超过 6cm 可能会有不良影响。而且每次胸外按压，一定要使胸廓完全回弹，按压时手不要倚靠在病人的胸部。

3. 人工呼吸

胸外按压 30 次后，要对患者进行口对口的人工呼吸，进行辅助呼吸前，需要先开放患者气道，这是为了解除意识丧失患者因舌后坠而引起的呼吸道阻塞。

(1) 打开气道。如图 6-1 所示，将一只手置于患者的前额，用手掌压额头，另一手的食指和中指抬起下巴，使头部后仰。如见到患者口中有呕吐物或假牙等异物，应立即将患者的头侧向一边，用手指小心清除口腔内异物。

(2) 进行人工呼吸。开放气道后，立即进行两次人工呼吸，每次吹气时间为 1 秒，吹气时应能见到患者胸廓的起伏。具体方法是：施救者用压在患者额头的手的拇指和食指捏住患者的鼻子，正常吸一口气，用口严密包住患者的口唇，缓慢吹气，这个吹气量

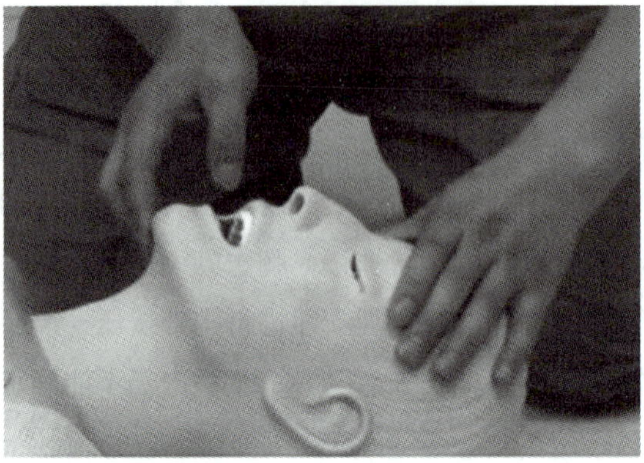

图 6-1　打开气道

一般是 500～600ml，持续 1 秒，使患者胸廓隆起；吹气结束后，操作者口唇离开患者的口部，使气体被动呼出。吹气要连续两次，两次吹气大约相隔 18 秒，要避免过度吹气，吹气的同时，用余光观察患者胸部是否隆起。如图 6-2 所示。

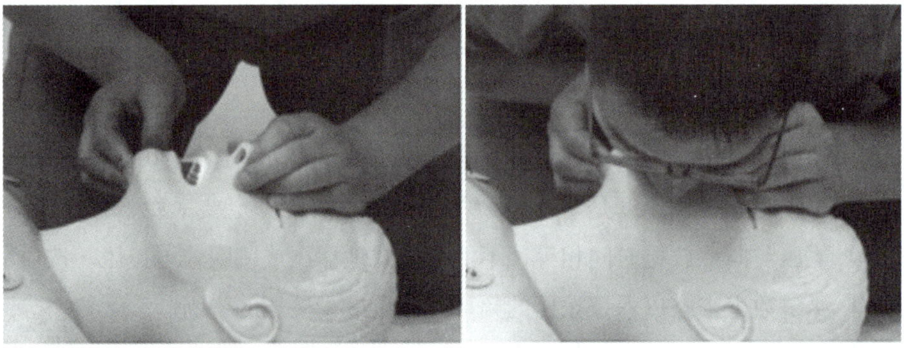

图 6-2　口对口呼吸

4. 除颤

体外自动除颤仪如图 6-3 所示，简称“AED”，通常在机场、车站、码头、学校、酒店等公共场所配备。

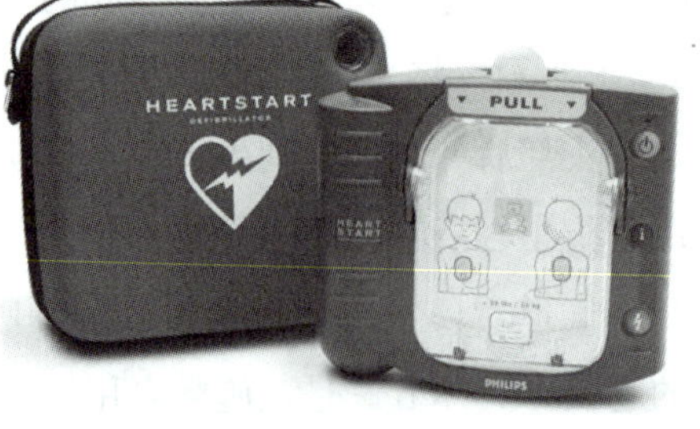

图 6-3　AED（体外自动除颤仪）

病人倒地后，胸外按压是前提，除颤是关键，两者要结合起来。一般来讲，在没有AED的时候要持续按压，直到AED就位，如果旁边就有AED，要立即进行除颤，这是非常关键的。AED的使用很简单，只要按照语音提示操作即可，一般步骤如下：

（1）开启AED，打开AED的盖子，根据文字和图片说明及声音的提示操作（有些型号需要先按下电源）。

（2）给患者贴电极，在患者胸部适当的位置上，紧密地贴上电极。通常而言，两块电极板分别贴在右胸上部和左胸乳头外侧，具体位置可以参考AED机壳上的图样和电极板上的图片说明。

（3）将电极板插头插入AED主机插孔。

（4）开始分析心律，在必要时除颤，按下“分析”键（有些型号在插入电极板后会发出语音提示，并自动开始分析心率，在此过程中请不要接触患者，即使是轻微的触动都有可能影响AED的分析），AED将会开始分析心率。分析完毕后，AED将会发出是否进行除颤的建议，当有除颤指征时，不要与患者接触，同时告诉附近的其他任何人远离患者，由操作者按下“放电”键除颤。

需要强调的是，尽量缩短除颤前后的按压中断，在AED充电时也不要停止按压，对于室颤引起的心脏骤停，除颤比按压重要。如果旁边有AED，单人复苏也要首先取AED除颤，而不是先按压，一定要尽早地除颤。

5. 评估

评估方法为：成人胸外按压与人工呼吸的比例为30∶2，30次胸外按压和两次人工呼吸为一个循环，连续做5个循环，大约两分钟，再检查呼吸心跳是否恢复，并要在10秒之内完成，如果仍没有呼吸及大动脉搏动，则继续进行心肺复苏，直到急救人员到达现场，而且要进行高质量的CPR，也就是重压、快压，减少中断，完全反弹，防止过度通气，如果有其他人在场，最好每两分钟换一个人。

（二）呼吸道阻塞的处理

呼吸道阻塞，是指急性的异物不完全或完全阻塞呼吸道。

1. 呼吸道阻塞的表现

发生呼吸道阻塞的伤病员常常不自主地以一手呈“V”字状紧贴于颈前喉部；病人会出现剧烈的刺激性咳嗽和反射性呕吐，声音嘶哑，无法完整、清楚地表达思想；被较大异物堵塞喉部、气管时，病人会出现脸色和嘴唇发紫、呼吸困难等症状，可能会很快停止呼吸。

2. 救护措施（“海姆立克急救法”）

（1）一岁以内婴儿。

这个时期的婴儿如果发生窒息，应先如图 6-4 所示将婴儿面朝下放置在手臂上，手臂贴着婴儿前胸，大拇指和其余四指分别卡在其下颌骨位置，另一只手在婴儿背上肩胛骨中间拍 5 次，然后观察异物有没有被吐出。

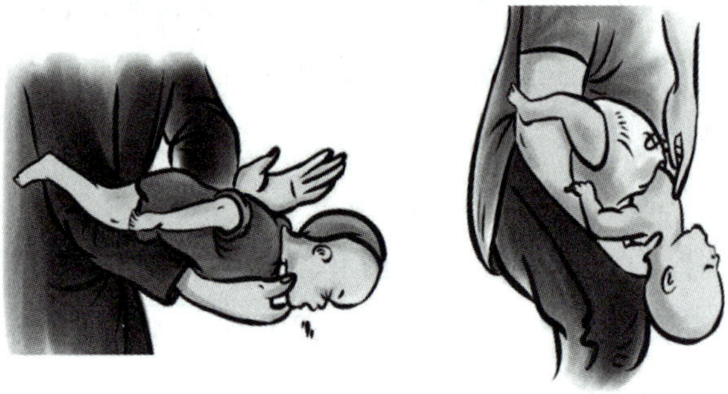

图 6-4　施救婴儿

如果没有吐出，立刻将婴儿翻过来，头下脚上面对面放置在大腿上。一手固定在婴儿头颈位置，一手伸出食指中指，快速压迫婴儿胸廓中间位置，重复 5 次之后将孩子翻过来重复第一种方法，直至将异物排出为止。

（2）儿童。

如图 6-5 所示，站到一边，稍靠近儿童身后，用一只手支撑儿童的胸部，使其身体保持前倾，用另一只手的掌根部在其两肩胛骨之间进行大力拍击。检查每次拍背是否解除了呼吸道阻塞，直到异物被吐出。

图 6-5　施救儿童

（3）成年人。

如图 6-6 所示，施救者站在伤病员身后，双手向前环抱伤病员腹部。保持伤病员身体前倾，一手握拳，用拇指的一侧抵住病人的上腹部肚脐稍上处，另一只手压住握拳的手，两手用力快速地向内向上挤压，重复 5 次腹部冲击。继续交替进行 5 次背部拍击与腹部冲击，直到异物排出，阻塞解除，患者能自主呼吸。

注意：如患者失去意识，应支撑住伤病员，将其平放在地面上，拨打 120，立即着手开始心肺复苏。

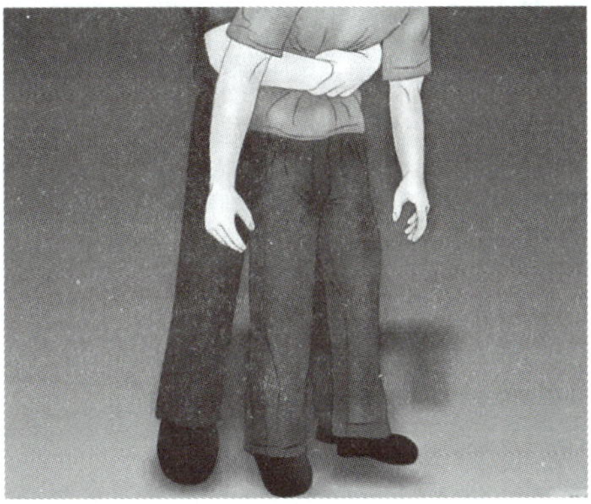

图 6－6　施救成年人

（4）自救。

如果是自己发生了呼吸道阻塞，而身边又没有其他人可以帮助你时，趁着意识清醒一定要争分夺秒，你可以采取以下方法自救：自己一手握成拳，另一只手包裹住握拳的手，快速向内向上冲击肚脐与肋骨中间的位置，如图 6－7 所示，直到将异物排出为止。如果自己力气不够，那么迅速寻找一把带靠背的椅子或者桌子。然后将自己的腹部按压在桌角、椅背或者其他坚硬的物体上向内向上冲击，一定要快、准，反复冲击几次，直到异物排出。

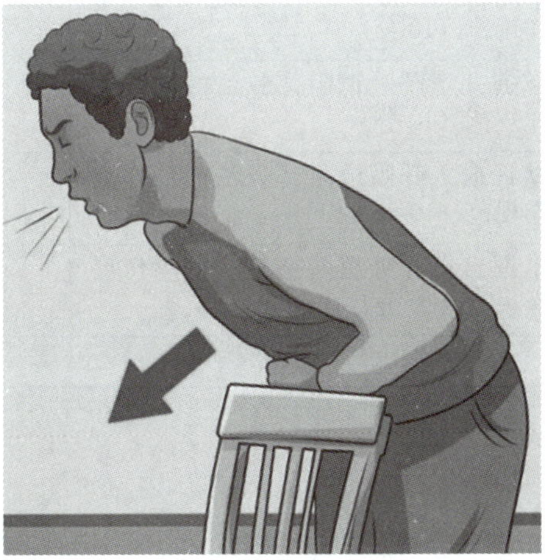

图 6－7　自救措施

实践活动

紧急救护演习

在生活中遇到有人心脏骤停或是呼吸道阻塞的时候，大家一定要沉着冷静，把握抢救的白金十分钟，用我们所学的知识救他人于危难之中，为医生的抢救争取宝贵时间，给患者赢得一线生机。

分组模仿心肺复苏术和海姆立克急救法。

【结果评价】

根据表 6－4 对学生的救助操作进行评价。

表 6－4　评价表

操作内容	配分	评分内容及评分标准	自我评价	教师/同学/家长评价
心肺复苏	55 分	能正确判断病情是否需要心肺复苏（5 分）		
		心肺复苏前的准备充分，操作正确（5 分）		
		胸外按压姿势和按压位置正确（10 分）		
		按压深度、力度和次数正确（10 分）		
		打开气道方法操作准确（10 分）		
		人工呼吸的方法正确（10 分）		
		人工呼吸的次数及吹气时长把握准确（5 分）		
海姆立克急救法	45 分	能正确判断患者症状为呼吸道阻塞（5 分）		
		能熟练掌握婴儿呼吸道阻塞救治的动作要领，操作规范（10 分）		
		能熟练掌握儿童呼吸道阻塞救治的动作要领，操作规范（10 分）		
		能熟练掌握成人呼吸道阻塞救治的动作要领，操作规范（10 分）		
		能熟练掌握自己呼吸道阻塞救治的动作要领，操作规范（10 分）		
总计		100 分		

第七章　电商扶贫新型农业

第一节　有机草莓采摘

一、有机农场的作物特点

有机农场主要是指在生产中不使用基因工程技术获得的生物及其产物，不使用化学合成的农药、化肥、生长调节剂、饲料添加剂等物质，遵循自然规律和生态学原理，协调种植业平衡，采用一系列可持续发展的农业技术以维持稳定持续的农业生产体系的一种农场。有机农场以科学化管理为标准、天然绿色为理念进行农产品种植。

可以从以下两方面来理解有机农场的作物特点。

（一）食品安全环保，有利于保障人民身体健康

化肥农药的大量施用，会对农产品造成污染，给人类生存和生活留下隐患。近几年，各类癌症发病率呈上升趋势，有些地方甚至“谈食色变”。而有机农业不使用化肥、化学农药，以及其他可能会造成污染的工业废弃物、城市垃圾等，因此食品更加安全环保，有利于保障人体健康。

（二）减轻环境污染，有利于恢复生态平衡

大量施用化肥农药容易造成环境污染。如化肥大量进入江河湖海中造成水体富营养化，影响鱼类生存；农药在杀除病菌害虫的同时，也增加了病虫的抗性，使病虫害猖獗，农药用量愈来愈大，施用的次数愈来愈多，形成恶性循环。而有机农场的生产方式可以减轻污染，有利于恢复生态平衡。

拓展阅读

农产品质量标准分类

我国将农产品大致分为普通农产品、绿色农产品、有机农产品和无公害农产品，不同农产品的生产标准各不相同。

1. 普通农产品的质量标准

(1) 说明标准所适用的对象。这是指首先要说明该标准应用于什么农产品，采用的是什么工艺以及分类或等级，有的还要指出农产品的用途或使用范围。

(2) 规定农产品商品的质量指标及各种具体质量要求。这是农产品标准的中心内容，包括技术要求、感官指标、理化指标等方面的规定。

(3) 规定抽样和检验的方法。抽样方法的内容包括每批农产品应抽检的百分率、抽样方法和数量、抽样的工具等；检验方法是针对具体的指标，规定检验的仪器及规格、试剂种类及量和规格、配制方法、检验的操作程序、结果的计算等。

(4) 规定农产品的包装、标志以及保管、运输、交接验收条件、有效期等。值得特别指出的是，大多数农产品都是人们日常生活中必不可少的主要食品，为了保障人民群众的身体健康，必须坚决贯彻执行国家《食品安全法》的规定。在制定和推行农产品标准时应当把国家制定的食品卫生标准作为重点，以确保农产品安全服务。

2. 绿色农产品的标准

绿色农产品是指遵循可持续发展原则、按照特定生产方式、经专门机构认定、许可使用绿色农产品食品标志的无污染的农产品。可持续发展原则要求生产的投入量和产出量保持平衡，既要满足当代人的需要，又要满足后代人同等发展的需要。绿色农产品在生产方式上对农业以外的能源采取适当的限制，以更多地发挥生态功能的作用。

3. 有机农产品的标准

有机农产品（organic agriculture products）是指根据有机农业原则和有机农产品生产方式及标准生产、加工出来的，并通过有机食品认证机构认证的农产品。它的原则是，在农业能量的封闭循环状态下生产，全部过程都利用农业资源，而不是利用农业以外的能源（化肥、农药、生产调节剂和添加剂等）影响和改变农业的能量循环。有机农业生产方式是利用动物、植物、微生物和土壤四种生产因素的有效循环，不打破生物循环链的生产方式，生产纯天然、无污染、安全营养的“生态食品”。

4. 无公害农产品的标准

无公害农产品是指产地环境、生产过程和产品质量均符合国家有关标准和规范的要求，经认证合格获得认证证书并允许使用无公害农产品标志的未经加工或者初加工的农产品。

无公害农产品执行的是国家质检总局（2018 年 3 月改为国家市场监督管理总局）发布的强制性标准及农业部（2018 年 3 月改为农业农村部）发布的行业标准。产品标准、环境标准和生产资料使用准则为强制性国家或行业标准，生产操作规程为推荐性行业标准。

二、观光＋直销

（一）观光农业

观光农业是指能够满足人们的物质和精神享受，可吸引游客前来观赏、品尝、购物、习作、体验、休闲、度假的现代农业形态，是旅游业与农业交叉的新型产业。观光农业以“绿色、参与、体验、休闲”为特色，使游客在直接接触、观赏、享受的过程中，产生消费欲望，从而促进农产品的直接销售。观光采摘直销是农产品生产者在游客观光、采摘、垂钓等活动中，直接推销自己农产品和服务的一种直销形式，是随着观光农业的兴起而产生的。

（二）观光采摘直销的实施要点

针对影响观光采摘运行的主要因素，要搞好观光采摘直销，就要做好创新特色产品、突破季节性限制、抓好基础设施建设、提高服务水平、强化品牌意识五点（见表 7-1），并发挥各级政府的引导、管理和支持作用。

表 7-1　观光采摘直销的实施要点

要点	操作方法
创新特色产品	培育有机、绿色产品，可依托科研院所引进高科技，采用先进农业生产技术，为游客提供真正的绿色食品，提升观光采摘园的档次
	引进一些本地没有的新奇品种，满足消费者求新、求异、求变的心理，促进产品的销售
突破季节性限制	依托设施农业栽培反季节品种，反季节栽培虽然起步投入较大，日常管理技术较为繁杂，但投资回报快
	合理搭配产品品种，突出多样性与观赏采摘的持续性。有能力的采摘园要努力做到四季有果有菜有花，形成不同的季节特色
抓好基础设施建设	争取政府的政策、资金支持，修整道路，设置停车场
	建造服务接待设施，搞好园区绿化美化等，使之具备舒适性、观赏性，完善休闲观光功能

续表

要点	操作方法
提高服务水平	邀请有关专家教师或有关部门负责人对服务人员进行培训
	采取定期或不定期、集中或分散等多种形式对从业人员进行农业科技、民俗文化、礼貌礼仪、卫生安全等方面的培训，提高从业人员的综合素质，使采摘服务更加专业化、职业化
强化品牌意识	加强户外广告宣传，在高速公路沿途设置巨大的广告宣传牌，公路两旁设立旗帜小广告，印刷宣传折页等
	依托报纸、电视、互联网等媒体，以新闻事件的形式，向公众多渠道宣传推介，以此来提高品牌的知名度和影响力
	采摘园经营者要增强品牌意识，积极参与举办各种农事节庆活动和主题活动，筹划和推介采摘旅游项目，加大品牌宣传力度

三、草莓的挑选及采摘

如今有机农场被越来越多的人所认可，自由采摘也成了人们旅游休闲的新方式，不同的季节有不同的瓜果蔬菜可供采摘。不同的果蔬在采摘技巧、注意事项上也大不相同，下面就让我们学习一下草莓的采摘。

（一）草莓的挑选

1. 果实结实

在选择草莓时轻轻用指腹按一下，感觉结实、较硬的即可采摘，如果想要即摘即吃的话，可选择果实略软的。

2. 颜色均匀

成熟的草莓一般呈红色，以颜色亮丽、均匀为佳；其次看表皮的种子，种子以黄色为佳，如果草莓种子也是红色的可能是进行了染色处理。

3. 表皮和形状

草莓要选择表皮完整、无损伤的，表皮有损坏的草莓不耐放；形状以长圆锥形为佳，不要选奇形怪状的草莓。

（二）草莓的采摘

1. 采摘前的准备

(1) 准备合适的衣物、鞋子。春季草莓大棚里比外界温度高出10℃左右，进出大棚注意减衣加衣，防止感冒。同时棚内比较滑，道路也不平，最好穿耐脏、防滑的平底鞋。

（2）准备相应药品。草莓棚内比较闷热，最好随身带些风油精等防暑降温用品。

（3）准备好纸箱。草莓不宜重压，不宜用塑料袋装，最好提前准备好纸箱。

（4）合理安排时间。最佳的草莓采摘时期应选在2～6月份，最佳采摘时间为早上8:30～10:00。

2. 采摘方法

（1）方法一：采摘草莓时，准备一把小剪刀，在草莓蒂往上大概一个拇指头的长度处剪下来，这样可以延长草莓的保存期限，如图7－1所示。

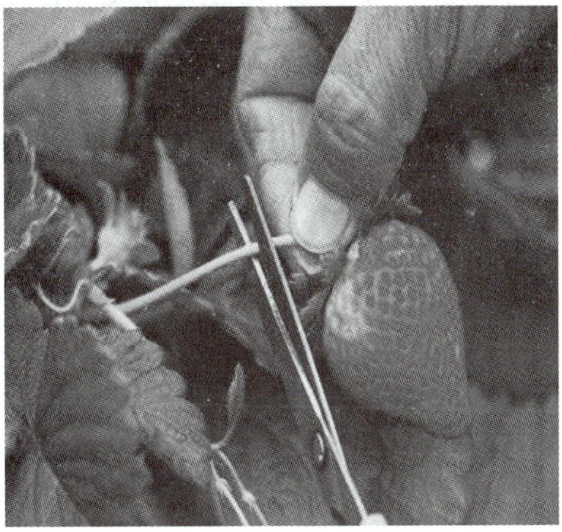

图7－1 采摘示意（一）

（2）方法二：用托酒杯的方式勾住草莓的萼片，轻轻一扭，就可以摘下草莓，既省事又不会损害草莓的表面，如图7－2所示。

图7－2 采摘示意（二）

3. 采摘站位

草莓是按垄种植的，采摘时双脚各占一个垄沟，或者都在一个垄沟，一般垄沟很窄，因此注意不要踩坏草莓秧，如图 7-3 所示。

图 7-3 采摘站位

（三）草莓的清洗

（1）洗草莓前不要把草莓蒂摘掉，以免在浸泡过程中让农药及污染物通过“创口”渗入果实内，造成污染。

（2）用流动自来水连续冲洗几分钟，把草莓表面大部分的病菌、农药及其他污染物除去，如图 7-4 所示。

图 7-4 草莓清洗

（3）取一小盆水，加入适量盐，制成淡盐水，将草莓浸入其中 3 分钟，淡盐水可以使附着在草莓表面的昆虫及虫卵浮起，便于被水冲掉，且有一定的消毒作用。

（4）最后用流动自来水将草莓冲洗干净，就可以装盘食用了。

（四）草莓的储存

挑选草莓时，选择没有任何损坏的草莓。在装箱时，要用大拇指和食指指腹捏起果蒂部位，避免指甲接触到果肉，轻拿轻放。

1. 冰箱冷藏法

（1）草莓冷藏前不能清洗，要将已经变软、颜色变黑的果子挑出来，防止细菌扩散繁殖。

（2）准备保鲜盒，在其底层铺一层干净的餐巾纸，将草莓整齐地码在上面，注意草莓之间要留有空隙，不能相互紧挨着，这样不仅能防止草莓受到磕碰，还能防止草莓表皮留存多余的水分。

（3）不要用盖子直接扣住保鲜盒，而是用保鲜膜包裹在保鲜盒上方，以保持容器内空气流通。

（4）将包裹好的容器放入冷藏室内，与有异味的食物分开放，防止串味。

2. 冰糖或白糖腌制保存法

（1）冰糖草莓。将冰糖或白糖熬制成糖浆，将草莓洗干净后放入玻璃容器里，待糖浆冷却后，倒入刚才放置草莓的容器中，将草莓全部覆盖，再盖紧玻璃容器的盖子，最后放入冰箱冷藏室。

（2）草莓罐头。将草莓洗干净后，去掉果蒂和绿叶，沥干水分后切片。先在罐头容器底部放一层草莓切片，然后均匀地撒上一层白糖，根据草莓切片数量和容器大小重复此程序数次，最后将容器密封好后，放于冰箱内，如图 7-5 所示。

图 7-5　草莓罐头的制作

3. 冰箱冷冻法

（1）先将洗干净的草莓放在盘中，相互之间留有间隙，这样可以防止将草莓放入冷冻室后，草莓冻在一起。

（2）将草莓放入冰箱冷冻室进行冷冻。

（3）草莓完全冷冻之后，将草莓单颗取出，再一起放入容器密封，最后再放入冰箱进行冷冻。

实践活动

有机草莓的采摘

正值草莓成熟的季节，让我们带着家人到有机农场里欣赏田园风光，去草莓地里采摘新鲜草莓，在品味乡间美味的同时学会草莓的采摘、挑选、清洗、储存等。

【结果评价】

根据表 7－2 对有机草莓采摘活动进行评价。

表 7－2　评价表

<table>
<tr><th>操作内容</th><th>配分</th><th colspan="2">评分内容及评分标准</th><th>自我评价</th><th>教师/同学/家长评价</th></tr>
<tr><td rowspan="4">采摘准备</td><td rowspan="4">16 分</td><td colspan="2">准备合适的衣物 1～2 件，平底鞋一双（4 分）</td><td></td><td rowspan="15"></td></tr>
<tr><td colspan="2">准备创可贴若干，风油精一瓶（4 分）</td><td></td></tr>
<tr><td colspan="2">准备纸箱 1～2 个（4 分）</td><td></td></tr>
<tr><td colspan="2">准备小剪刀一把（4 分）</td><td></td></tr>
<tr><td>采摘站姿</td><td>4 分</td><td colspan="2">采摘时双脚各占一个垄沟，或都在一个垄沟，草莓秧无损坏</td><td></td></tr>
<tr><td rowspan="5">挑选草莓</td><td rowspan="5">20 分</td><td colspan="2">果实结实无软烂（4 分）</td><td></td></tr>
<tr><td colspan="2">颜色均匀（4 分）</td><td></td></tr>
<tr><td colspan="2">表皮颜色红润，种子金黄（4 分）</td><td></td></tr>
<tr><td colspan="2">表皮无破损（4 分）</td><td></td></tr>
<tr><td colspan="2">形状为圆锥形，不奇形怪状（4 分）</td><td></td></tr>
<tr><td>采摘草莓（任选其中一种方法即可）</td><td>20 分</td><td>方法一：
1. 在草莓蒂往上大概一个拇指头的长度处剪下来，留蒂不过长。（10 分）
2. 草莓表皮无损坏（10 分）</td><td>方法二：
1. 用托酒杯的方式勾住草莓的萼，将草莓轻扭下来。（10 分）
2. 手法轻柔，草莓表皮无破损（10 分）</td><td></td></tr>
<tr><td rowspan="2">草莓码放</td><td rowspan="2">10 分</td><td colspan="2">选择没有任何损坏的草莓（5 分）</td><td></td></tr>
<tr><td colspan="2">装箱时，要用大拇指和食指指腹捏起果蒂部位，避免指甲接触到果肉，轻拿轻放（5 分）</td><td></td></tr>
</table>

续表

操作内容	配分	评分内容及评分标准			自我评价	教师/同学/家长评价
草莓储存（任选其中一种方法即可）	15 分	冰箱冷藏法： 1. 冷藏前草莓不能清洗，挑出坏果。(5 分) 2. 在保鲜盒底部铺一层干净的餐巾纸，将草莓整齐地码在上面，草莓之间留有空隙。(5 分) 3. 保鲜膜包裹在保鲜盒上方，放冰箱冷藏（5 分）	腌制保存法： 1. 冰糖草莓。糖浆适量，不发苦；没过草莓。(10 分) 2. 草莓罐头。切片均匀，一层草莓切片，一层白糖，顺序正确，密封冷藏(5 分)	冰箱冷冻法： 1. 草莓洗干净入盘，相互之间留有间隙。(5 分) 2. 草莓完全冷冻取出，入容器后密封，冷冻 (10 分)		
草莓清洗	15 分	洗草莓不要把草莓蒂摘掉（3 分）				
		流动自来水连续冲洗几分钟（3 分）				
		取一小盆水，加入适量盐，制成淡盐水（3 分）				
		将草莓浸入淡盐水中 3 分钟（3 分）				
		再次用流动自来水冲洗干净（3 分）				
总计		100 分				

第二节　农产品定价

一、影响农产品价格的因素

（一）农产品价格构成要素

农产品市场价格＝农产品生产成本＋流通费用＋利润

1. 农产品生产成本

农产品生产成本是指农产品在生产过程中耗费的所有物质资料和人工费用的总和。它是构成农产品价格的基础。

2. 流通费用

流通费用是指农产品在从田间到市场销售这个过程中所发生的各种费用，主要包括储运费用、摊位费用等。流通费用的高低主要取决于流通环节，流通环节越多，费用越高。

3. 利润

利润是指农产品的销售收入扣掉生产成本和流通费用后的剩余部分。所以利润的多少取决于农产品销售收入的高低及生产成本和流通费用的多少。

（二）影响农产品市场价格的因素

1. 农产品成本

农产品成本包括生产成本和流通费用。成本是定价的下限，如果农产品定价低于这个下限，农户不仅无利可图，而且连简单再生产也无法维持。在正常情况下，农产品定价要高于成本。

农户为获得理想的利润，一方面应在可能的情况下制定尽量高于成本的销售价格，另一方面应在生产经营过程中采取各种措施，努力降低成本，以求在同等价格水平下，获取更多的利润。

2. 农产品供求状况

一般情况下，当某种农产品的供给量大于市场上的需求量（产品供过于求）时，产品滞销，价格下跌；当某种农产品的供给量满足不了市场上人们的需求量（产品供不应求）时，产品畅销，价格上涨。

当产品价格高到某一水平时，将无人购买，因此市场需求是产品定价的上限。

不同的农产品由于其需求价格弹性大小不一，所以供求关系对其价格的影响程度也是不同的。

3. 市场竞争程度

竞争对手的多少和竞争强度对农产品定价有重要的影响。

农产品在市场上竞争者少，价格就高，特别是一些高档农产品，价格更高，而普通农产品市场竞争者多，价格偏低。

农产品在定价时，必须考虑竞争者产品的质量和价格。如果自己的产品与竞争对手的产品相似，就可制定与竞争者相似的价格，否则销路就会受影响；如果比竞争对手的产品质量差，则将价格定得低些；如果优于竞争对手的产品，则价格就可以定得高些。

4. 其他因素

国家的农产品价格保护政策、消费者心理、国内外经济形势、货币流通状况、产品生命周期等因素也会影响农产品价格。

综上所述，农产品定价与影响因素的关系如图 7-6 所示。成本决定了价格的最低限；市场需求（顾客对产品的评估）决定了价格的最高限；竞争者产品的质量和价格等因素决定了最高价与最低价之间的标价点。

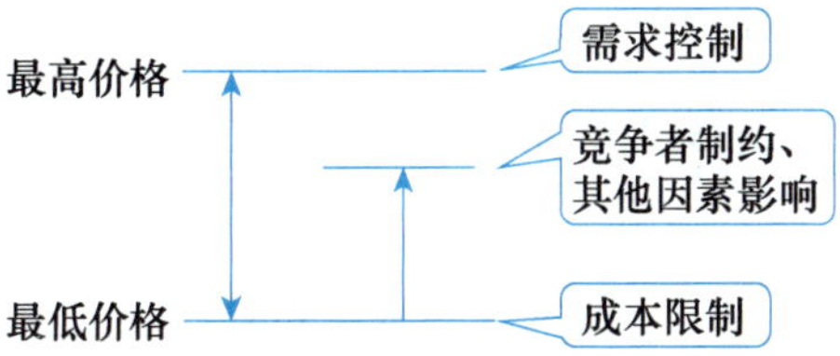

图 7-6　农产品定价与影响因素的关系

二、农产品定价方法

从农产品定价与影响因素的关系可以看出，影响农产品定价的最基本因素是产品成本、市场需求和竞争状况。从这三个方面的不同侧重点出发，定价方法就可分为三类：成本导向定价法、需求导向定价法和竞争导向定价法，如图 7-7 所示。

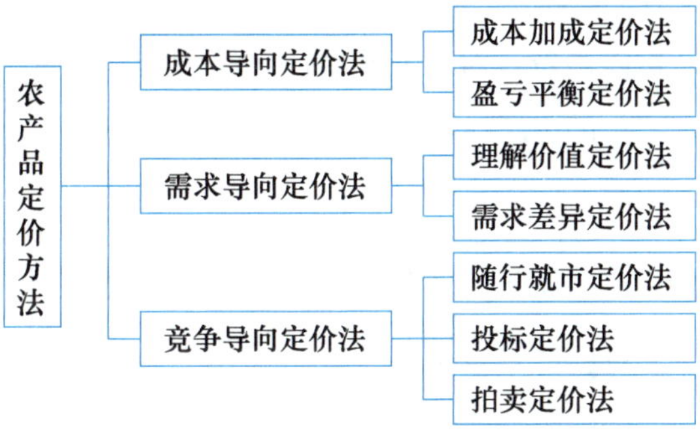

图 7-7　农产品定价方法分类

（一）成本导向定价法

成本导向定价法是指以农产品的总成本为中心来制定价格的一种方法。

1. 成本加成定价法

所谓成本加成定价法，就是在产品单位总成本的基础上，加上一定的预期利润，作为产品的销售价格。利润比例就是俗称的“加成”。计算公式为：

$$单位产品销售价格=产品单位总成本\times(1+加成率)$$

采用这种定价方法的关键是：一要准确核算成本；二要确定恰当的利润百分比（加成率）。

对于季节性强的产品、特殊产品、储存保管费用高的产品以及需求缺乏弹性的产品，加成率一般宜高一些。

该方法的优点是：计算简便，在正常情况下，可以保证获得预期利润。缺点是：只考虑了产品本身的成本，忽视了市场供求和竞争的情况。用这种方法计算出来的价格，很可能不为消费者所接受，或缺乏市场竞争力。因此加成率应随着市场需求及竞争情况的变化而做相应的调整。

成本加成定价法适用于产销量与产品成本相对稳定、竞争不太激烈的情况。

2. 盈亏平衡定价法

盈亏平衡定价法又叫“收支平衡定价法”“保本点定价法”，是指按照某产品的销售总收入与该产品的总成本平衡的原则来制定该产品的价格的方法。计算公式为：

单位产品销售价格(保本点价格)＝单位产品变动成本＋单位产品固定成本

盈亏平衡定价法适用于竞争激烈、经营不景气、销售困难的情况。

（二）需求导向定价法

需求导向定价法是指以消费者对产品价值的理解和需求强度为依据来定价，而不是以产品的成本为基础来定价的方法。

1. 理解价值定价法

理解价值定价法也称“感受价值定价法”“认知价值定价法”，是根据消费者在主观上对产品的理解价值来定价的一种方法。

消费者在购买某一产品之前，基于从产品的广告宣传中所得的信息及自身的购物经验、对市场行情和同类产品的了解等，对产品价值会有一个自己的认知和理解。只有当产品的价格符合消费者的理解价值时，他们才会接受这一价格；反之，消费者就不会接受这个价格，产品就卖不出去。

理解价值定价法多用于名优特新产品及工艺品的定价。

如一个肯德基汉堡，其成本不过几元钱，而售价高达十几元，甚至数十元，仍然卖得很好，就因为它是名牌产品，而普通品牌的汉堡即使质量已赶上并超过该名牌产品，也卖不了那么高的价格。消费者对产品价值的感受，主要不是由产品成本决定的。

2. 需求差异定价法

需求差异定价法又称“差别定价法”，是指根据销售对象、销售地点、销售时间等条件变化所产生的需求差异，尤其是需求强度差异，对相同的产品采用不同价格的方法。

采用这种方法定价，一般是以该产品的历史价格为基础，根据市场需求变化的具体情况，在一定幅度内加价或减价。需求差异定价法主要有以下形式：

（1）不同消费者的差别定价。这是指根据不同消费者的消费性质、消费水平和消费习惯等差异，制定不同的价格。如会员制下的会员与非会员的价格差别，学生、教师、军人与其他顾客的价格差别，新老顾客的价格差别等。可以根据不同消费者的购买能力、购买目的，制定不同的价格。

（2）不同地点的差别定价。由于地区间的差异，同一产品在不同地区销售时，可以制定不同的价格。如某种饮料在旅游景点和街边零食店出售，由于需求程度不同，定价也就不同。

（3）不同式样产品的差别定价。产品质量和成本相同，但外观和式样不同，对消费者的吸引程度就不同，因此可以制定不同的价格。如食品中的礼品装、普通装及特惠装三种不同的包装，虽然产品质量和成本几乎没什么差别，但价格往往相差很大。

（4）不同时间的差别定价。在不同的时间段里，顾客对同一产品的需求强度是不同的，据此可制定不同的价格。如在需求旺季时，可以提高价格；在需求淡季时，可以采取降低价格的方法吸引更多顾客。

采用需求差异定价法，对同一产品制定两个或两个以上的价格，其好处是可以使产品定价最大限度地符合市场需求，促进产品销售，有利于生产经营者获取最佳的经济效益。

（三）竞争导向定价法

竞争导向定价法主要依据竞争者的情况来定价，即通过研究竞争对手的产品质量、服务状况、价格水平等因素，结合自身的竞争实力，来确定产品价格。

1. 随行就市定价法

随行就市定价法又称“通行价格定价法”，是指以本行业的平均市场价格水平作为定价基础的一种方法。

采用通行价格定价法，既容易被消费者所接受，也能与竞争对手“和平共处”，避免价格战产生的风险，还能给自己带来合理的利润。随行就市定价法主要适用于以下几种情况：

（1）同质产品的定价。

（2）产品成本难以核算。

(3) 欲与同行业竞争者和睦相处，避免竞争激化。

(4) 难以对消费者和竞争者的反应做出准确估计，不易为产品另行定价。

2. 投标定价法

投标定价法是指在招标竞标的情况下，根据竞争者可能的报价，来确定自己产品价格的方法。

投标定价法主要用于大宗农产品采购。一般是由一个买方（某农产品求购者）公开招标，多个卖方（农产品供给者）竞争投标报价，最后由买方按物美价廉的原则择优选取。

3. 拍卖定价法

拍卖定价法是指由卖方预先发布公告，展示所出售的物品，在规定的时间和地点，采用公开拍卖的方式，由买方公开叫价竞购，卖方选择最高价格拍板成交的一种定价方法。

拍卖定价与投标定价的区别在于，拍卖是买方公开竞价，投标是卖方密封报价。

拍卖定价法具有竞争公开、出价迅速、交易简单的特点，农产品经营者在销售限量产品、珍品、高级艺术品等时，可通过这种方法获得理想的价格。

三、农产品定价策略

（一）心理定价策略

心理定价策略是为迎合消费者的不同心理需要而采取的一种灵活定价措施。采用心理定价能使消费者得到心理上的满足，从而激发消费者的购买欲望，达到扩大产品销售的目的。常用的心理定价策略见表 7-3。

表 7-3　常用的心理定价策略

策略	内容	目的	适用情况
尾数定价	产品价格以零头数结尾。如将产品价格定为 0.98 元而不定 1 元，定 9.95 元而不定 10 元等	给消费者以真实感、信任感、价廉感，满足消费者的求实、求廉心理（薄利多销）	需求价格弹性较大的中、低档消费品
整数定价	与尾数定价正好相反。把产品价格定成整数，不要零头	使消费者产生档次高的印象，满足其自尊心理和方便快速的心理	高档消费品或有特色的商品
声望定价	对在消费者心目中享有声望的产品，制定比产品的实际成本、一般利润高得多的价格	迎合消费者的求名心理和“价高质必优”的心理。满足高收入消费者的需要	名牌产品、有名望的商店（老字号）、高级消费品

续表

<table>
<tr><th>策略</th><th>内容</th><th>目的</th><th>适用情况</th></tr>
<tr><td>吉利数定价</td><td>采用一些吉利的数字来给产品标价，如：88（发发）、518（我要发）、66（大顺）等</td><td>满足人们求吉祥如意的心理，对产品的促销能起到神奇的效果</td><td>任何产品</td></tr>
<tr><td rowspan="2">招徕定价</td><td>也称“特价品定价”“牺牲品定价”，在一定时期内，有意把少数几种产品的价格定得特别低，如节日期间的优惠酬宾</td><td>满足消费者的求廉心理，吸引大量顾客光临，达到连带销售其他产品的目的</td><td>特价品应是大多数消费者需要的，且要经常变换；降价应有吸引力；降价应有时间限制；数量要充足</td></tr>
<tr><td colspan="3">某饭店每天都会以半价推出一道特色招牌菜，并通过横幅、广告单等大肆宣传，吸引了众多顾客前往品尝，生意火爆。有人认为降低菜价酒店要吃大亏，因为酒店降低菜价的幅度令人吃惊。然而，事实说明，食客们来此一趟绝不会只点一道特价菜的，都会再点上几道别的菜。特价菜上亏的，在别的菜上却暗暗补了回来，而且还让食客们觉得价钱便宜公道</td></tr>
</table>

（二）折扣定价策略

折扣定价策略指农户或农业企业在出售农产品时，为了鼓励顾客提早付款、大量购买、淡季购买等，在基本价格的基础上再给购买者一定的价格优惠。常用的折扣定价策略见表 7－4。

表 7－4　常用的折扣定价策略

<table>
<tr><th>策略</th><th colspan="2">内容</th><th>目的</th><th>适用情况</th></tr>
<tr><td rowspan="2">现金折扣</td><td colspan="2">又称“付款期限折扣”，是指对按约定日期付款或提前付款的顾客，给予一定的价格折扣</td><td>鼓励顾客早日支付货款，以加速资金周转，减少呆账风险</td><td>赊销的产品</td></tr>
<tr><td colspan="4">某农产品赊销时规定：顾客的付款期限为 1 个月，若立即付现可打 95 折，10 天内付现可打 97 折，20 天内付现可打 98 折，最后 10 天内付款则无折扣。使用现金折扣时应规定三点：一是付清全部货款的期限；二是折扣期限；三是折扣率的大小</td></tr>
<tr><td rowspan="5">数量折扣</td><td colspan="4">指根据顾客购买数量或金额的大小给予不同的优惠折扣。数量折扣的关键在于合理确定给予折扣的起点、折扣档次及每个档次的折扣率</td></tr>
<tr><td rowspan="2">累计数量折扣</td><td>即在一定期限内，对同一顾客的购货数量或金额进行累计，按照累计数额大小给予不同的价格折扣</td><td>鼓励顾客经常购买、长期购买，使其成为长期客户，减少经营风险</td><td>长期交易的商品、大批量销售的商品以及需求相对比较稳定的商品</td></tr>
<tr><td colspan="3">某土特产经营户规定：顾客在一年内购买量累计达到 1 000 元，价格折扣 3%；达到 2 000 元，折扣 5%；超过 3 000 元，折扣 6%</td></tr>
<tr><td rowspan="2">非累计数量折扣</td><td>即根据顾客一次购买数量或金额的多少给予不同的价格折扣</td><td>鼓励顾客一次性大量购买，促进产品多销、快销</td><td>短期与零星交易的商品、季节性商品以及过时、滞销、易腐、易损的商品</td></tr>
<tr><td colspan="3">某果品经营者给顾客的优惠为：一次购买满 200 元，折扣 10%；满 300 元，折扣 15%；满 500 元，折扣 20%</td></tr>
</table>

续表

策略	内容	目的	适用情况
季节折扣	即对那些在淡季购买产品的顾客所给予的价格优惠	鼓励顾客淡季购买，以减少产品库存积压，节约仓储费用，加速资金周转，实现均衡生产	需求具有明显淡旺季的产品
	炎热的夏天是鲜花经营的淡季，鲜花的售价比旺季时便宜三四成，以百合花为例，由旺季时8元/支降到夏季的5元/支		
功能折扣	又称“交易折扣”，是指根据各类中间商在市场营销活动中所担负的功能不同，分别给予不同的价格折扣	鼓励中间商充分发挥自己的功能，调动其积极性	依靠中间商销售的产品

（三）产品组合定价策略

如果农户或农业企业生产经营多种农产品，而且这些产品之间存在需求、成本等某种联系时，就要综合考虑各相关产品来定价，以使产品组合取得整体的最大利润。常用的产品组合定价策略见表7-5。

表7-5　常用的产品组合定价策略

策略	内容	目的
产品线定价	当生产经营系列产品时，要适当确定产品线中各种产品之间的价格差异	满足不同层次消费者的需求，使整个产品线整体利润最大化
	一个核桃经营企业，将各种核桃分档定价为每千克38元、45元、60元	
附带产品定价	附带产品又称“互补产品”，指必须和主要产品一起使用的产品，如水晶花卉与水晶泥。一般来说，可以把主要产品的价格定得较低，而把附带产品的价格定得较高	通过低价促进主要产品的销售，以此带动附带产品的销售
副产品定价	当生产过程中有副产品产生时，只要买主愿意支付的买价大于储存和处理这些副产品的费用，就可以接受，如肉类加工企业的皮、毛等	减少生产者的支出，为主要产品制定更低的价格，增强竞争能力
产品群定价	将相关产品组合在一起，制定一个比分别购买更低的价格，一并销售，如各种杂粮的组合优惠	通过薄利多销，提高销售量，使总利润最大化

（四）新产品定价策略

新产品定价难度较大，因为没有可供参考的销售资料，如果定得过高，不被顾客认可，新产品难以推广；如果定得过低，则难以收回前期投资，影响农产品经营者的收益。常用的新产品定价策略见表7-6。

表 7-6　常用的新产品定价策略

策略	内容	优缺点	适用情况
取脂定价策略（高价策略）	在新产品进入市场初期，把产品的价格定得很高，远远高于成本，以便在最短的时间里收回投资，赚取最大的利润。又称为“高价厚利策略”	优点：利润高，回收成本快；树立高档优质产品形象；有降价空间，便于价格调整。 缺点：高价影响销路扩大，且易诱发竞争	无类似替代品、新颖有特色的产品；专利产品；需求缺乏弹性的产品；技术独特、短期难以仿效的产品
渗透定价策略（低价策略）	把新产品的价格定得很低，以在短时间内迅速打开销路，在市场上广泛渗透，提高市场占有率	优点：有利于迅速打开销路；阻止竞争者进入。 缺点：投资回收期长；在竞争中价格变动余地小	需求弹性大、市场生命周期长、潜在市场容量大的产品
满意定价策略	为新产品制定一个不高不低的适中价格，既能对消费者产生一定的吸引力，又能使自己获得一般利润，双方都满意	优点：利润平稳，在正常情况下能收回成本和取得适当盈利；价格上调下降均有余地。 缺点：定价较保守，有可能失去获利的机会	当顾客对价格十分敏感、竞争者对市场份额十分敏感时，应采用满意定价策略。一般产品都适宜

拓展阅读

定价程序

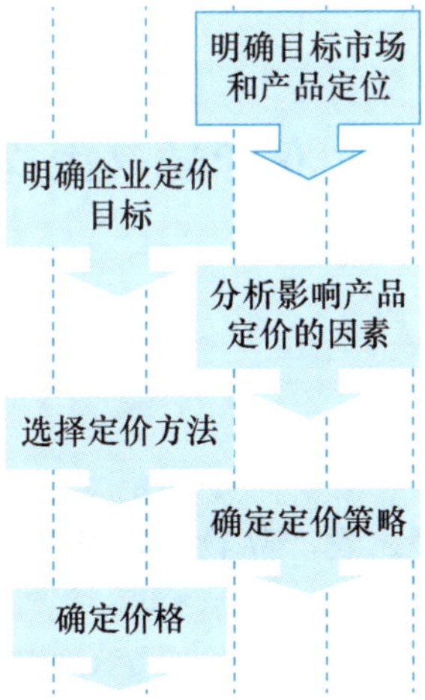

图 7-8　定价程序

实践活动

拟定有机草莓的采摘价格

根据本章第一节中有机草莓采摘的情况，分组讨论，为采摘草莓拟定价格，并说明依据；根据不同组的定价，核算果农每千克有机草莓的收入。

【结果评价】

根据表 7－7 对有机草莓直销定价活动进行评价。

表 7－7　评价表

操作内容	配分	评分内容及评分标准	自我评价	教师/同学/家长评价
有机草莓市场价格（千克）	20 分	有机、应季……		
采摘销售价格（千克）	20 分	体验式采摘销售、现摘新鲜……		
有机草莓栽种成本（千克）	30 分	人工、肥料……		
果农的利润（千克）	30 分	有机草莓价格，有机草莓的成本		
总计		100 分		

第三节　农产品物流及运输

一、农产品物流的分类

（一）按照在供应链中的作用分类

按照在供应链中的作用分类，农产品物流可分为农产品生产物流、农产品销售物流，以及农产品废弃物物流、回收物流。

1. 农产品生产物流

农产品生产物流是指从农作物耕作、田间管理到收获的过程中产生的物流活动，包括育苗、插秧、锄田、整枝、杀虫、施肥、灌溉、收割、晾晒、包装、入库等作业。与其他产业的生产物流相比，农产品生产物流受自然条件影响较大，并且受地理环境条件的限制，活动范围也较小。

2. 农产品销售物流

农产品销售物流是指为实现农产品所有权转换、价值增值而进行的运输、储存等一系列物流活动。农产品销售物流是农产品从加工企业或销售中介，通过零售商到达消费者手中所产生的物流，与其他产品的销售物流相比，虽然最终都是送达消费者，但农产品销售物流会有自身的特色，如先集中再分散、周期短、范围广、频率高等。

3. 农产品废弃物物流、回收物流

农产品废弃物物流、回收物流是指在农产品生产、消费的过程中处理废弃物所产生的逆向物流。资料显示，蔬菜产品在销售过程中毛菜可以产生大约 20%的废弃物，畜牧产品在生产阶段会产生大量的禽畜粪便。对已丧失再利用价值的废弃物进行掩埋或焚烧，称为废弃物物流。对有价值的部分进行分拣、再加工，使其重新进入生产或者消费领域，称为回收物流。农产品废弃物、回收物流的渠道较为复杂，管理难度较大，相较于其他产品的逆向物流，农产品逆向物流所能创造的货币收益也较小。

（二）按照物流客体分类

按照物流客体分类，农产品物流可分为大宗农产品物流、生鲜类农产品物流、特色农产器物流。

1. 大宗农产品物流

大宗农产品物流，主要包括粮食作物、经济作物的物流，指的是大宗农产品从各地收获后集中、再分散到再加工、再销售场所或消费者手中的物流过程。大宗农产品关乎民生及国家安全，是人类生存的重要物质资源，包括水稻、小麦、玉米、高粱、大麦、大豆、花生和棉花等。大宗农产品物流是农产品物流的重要组成部分。大宗农产品物流的流量规模非常大，但频率较低，其完善与否也直接影响着国民经济的发展情况。

2. 生鲜类农产品物流

生鲜类农产品是我国消费者除粮食以外最主要的食物营养来源，它在日常生活消费中占有十分重要的地位。生鲜类农产品居民消费的供给和需求一直受到政府和消费者的高度重视。生鲜类农产品主要包括人们日常生活所需的蔬菜、水果、花卉、肉类、禽蛋、奶产品、水产品、食用菌等。其含水量高，易腐烂。

由于我国农业生产分散，生鲜类农产品收获后，要在“行商”（走村串户的经纪人）、“坐商”（收购贩运商）、“批发商”（老板）、“零售商”（小贩）等诸多环节中辗转。

生鲜类农产品长时间经受日晒雨淋、温度变化，因此在物流过程中损耗率较高，约为25%，高的甚至达到30%以上。而发达国家平均只有5%左右的损耗率。因此，生鲜类农产品品质及价值的实现对物流运作的效率提出了极高的要求，要做到快装快运、防热防冷，管理水平越高、速度越快，其价值与价格就越高。

3. 特色农产品物流

特色农产品不但为消费者提供特有的功能，还是礼尚往来的重要媒介。随着生活水平的不断提高、人际交往的愈加频繁，特色农产品的需求越来越重要。特色农产品的种类繁多，但规模小，其对物流的需求具有多样性和高成本的特点。

（三）按照运作条件不同分类

按照运作条件不同分类，农产品物流可分为常温链物流和冷链物流。

1. 常温链物流

常温链物流是指在通常的自然条件下对农产品进行的物流活动，大多数非鲜活类农产品都可以在常温下完成物流过程，如大宗农产品的粮食作物、油料作物、纤维作物等。

2. 冷链物流

冷链物流是指冷藏、冷冻类食品在生产、储藏、运输、销售，到消费前的各个环节中始终处于规定的低温环境下，以保证食品质量，减少食品损耗的一项系统工程。冷链物流的适用范围包括生鲜类的蔬菜、水果、花卉、肉类、禽蛋、水产品、食用菌等农产品。

我国蔬菜、水果、肉类、禽蛋、水产品产量位居世界第一位，但大多数产品的分销渠道没有严格的冷链环境，80%的易腐食品在运输中没有温度监控，导致农副产品在最终消费前的损耗量也占世界首位。

随着我国农业的发展和人民生活水平的不断提高，对冷链系统的需求越来越大。生鲜类农产品的保鲜加工和储运是农业生产的再继续，其冷链建设是农业产业化的重要组成部分，也是农产品标准化发展的必由之路。大力发展生鲜类农产品冷链设施和物流，可以减少从产到用的消耗，有利于保障食品质量安全，扩大生鲜类农产品供应，有助于降低销售价格并增加农民收入。

（四）按照农产品物流特性分类

按照农产品物流特性分类，农产品物流可分为耐储农产品物流、鲜活农产品物流、流体农产品物流和易串味农产品物流。

1. 耐储农产品物流

耐储农产品一般指粮食作物、油料作物、纤维作物等大宗农产品及畜牧产品皮毛、干菜、干果等，在农产品中占的比例很大。耐储农产品自然属性稳定、变化缓慢，对物流时间的要求不会太高，因此，物流作业的大部分精力会花在储存环节。

2. 鲜活农产品物流

鲜活农产品一般指果蔬、肉、蛋、奶等易变质的农产品。鲜活农产品含水量高、容易腐烂，受天气影响大，消费者对鲜活农产品新鲜度的要求也在逐步提高。因此，鲜活农产品物流的各个环节都需要受到重视，如选用冷链运输、装卸搬运中要轻拿轻放、快装快运。鲜活农产品要求高效率的物流，要尽可能减少渠道层级，缩短运作时间，减少过程损耗，只有这样经营者才能在交易中获得更大的收益。

3. 流体农产品物流

流体农产品是指自然属性为容易流失散落的液态的农产品，如牛奶、食用油等。流体农产品一般无固定形状，一旦包装破损，就容易流失洒落，因此，对流通的技术要求较高，包装材料也需要达到一定强度，还需注意包装方法，并减少装卸搬运过程中的外力影响。流体农产品的流通批量较大，但是消费比较均衡，所以，在流通过程中必然会出现储存活动，对流体农产品要特别注意储藏要求。

4. 易串味农产品物流

易串味农产品一般指容易吸收异味和自身容易散发味道的农产品，如香烟、茶叶、药材等。容易吸收异味的农产品要严格控制环境的湿度，防止霉变和脆化。易串味农产品在物流过程中需要保持包装和承运工具的整洁，并保持通风，还要注意不可将容易吸收异味的产品与容易散发味道的产品邻近储运。同时，也要注意同为容易散发味道的农产品不可邻近储运，这类产品其气味往往是验收和评价质量的重要指标。

（五）按照农产品物流组织者不同分类

按照农产品物流组织者不同分类，农产品物流可分为自营农产品物流和第三方农产品物流。

1. 自营农产品物流

自营农产品物流是指农产品经营者借助自有资源组织物流活动的业务模式。自营物流的管理权掌握于经营者自己手中，可以有效、快速地传达指令，并得到信息反馈；但是会加大经营者的雇员、资金的压力，并且由于农产品供销季节性很强，物流设备总体利用率比较低。

2. 第三方农产品物流

第三方农产品物流是指独立于农产品经营者与消费者以外的专业物流企业，基于契约，为供需双方提供一系列物流服务的业务模式。这类专业物流企业通常可以提供个性化的物流服务，具有较先进的现代信息技术，与双方形成长期的合作关系。这种物流业务外包的业务模式，有利于农产品经营者集中精力发展自己的核心竞争力，减少库存，节省物流费用，提高物流运作效率。

拓展阅读

物流计费种类

1. 按照重量计费。这种方法是指按照寄送货物的毛重来计算运输费用，前提是货物的体积在规定范围内。

2. 按照体积计费。这种方法是指按照寄送货物的体积计算运送货物的费用，前提是货物的质量在规定范围内。

3. 按照选择计费。对于货物的重量和体积都难以辨别的，从以上两种方法中选择一种合适的计价方式。

4. 综合质量和体积计费。分别按照货物的毛重和体积计算运输费用，选择其中运费高的。

5. 按照件数计费。按照货物的实际件数计算运费，这种计费方式一般适用于比较贵重的物品。

6. 按照议定计费。这是指按照托运人和承运人事先约定的价格来计算运费，如运送大型机器等。

二、农产品运输的分类

（一）按照运输方式分类

按照运输方式、装载形式和运输路径的不同，农产品运输的方式主要分为公路运输、水路运输、航空运输、铁路运输四种。不同的运输方式具有各自鲜明的特点。

1. 公路运输

公路运输成本较高、运载量小、耗能大、运输效率低，有较强的灵活性和适应性，不需改换包装即可直接送往销售地，实现“门对门”的运输，还可深入非铁路沿线的偏远地区，扩展运输辐射半径，这是其他运输方式所不具备的优势，这对农产品运输尤为重要。但公路运输能力低，变动成本高，劳动生产率低，运输大宗农产品成本高，长距离运输费用更高，而且道路不平时振动大，产品易损伤。因此，公路运输适合生鲜类农产品的快速运输。

2. 水路运输

水路运输包括河运和海运，其成本低、较平稳、运载量大，但因受自然条件与天气的限制，其连续性差、速度慢，联运要中转、装卸，也会增加损耗，特别是远洋运输，海洋环境复杂、气象多变，遭遇不可抗自然灾害袭击的可能性大，而且除自然风险外，还存在战争、海盗、禁运等社会风险。因此，水路运输不适合远距离、大范围内的农产品运输，而更适合近距离直线式的农产品运输。

3. 航空运输

航空运输速度快、保质好、受损小、机动性大、安全性高、准确性高，但费用高、运量少、受天气影响较大、不适宜短途运输。航空运输特别适合于新鲜柔嫩、易受机械损伤而变质的高档农产品，有时也可为特需供应做特运，如鲜活易腐的农产品的中长途运输。

4. 铁路运输

铁路运输受天气影响小、安全、中长距离货运价廉、运输批量大、速度快、节能，但途中作业时间长、运费没有伸缩性、不能进行门对门运输、车站固定、货物滞留时间长，不宜紧急运输，对于鲜活易腐的农产品必须有较好的冷冻冷藏车厢，否则不可长途铁路运输。

(二) 按照农产品装载形式分类

按照装载形式，农产品运输的方式可以分为散装运输、包装运输和集装箱运输。

1. 散装运输

散装运输是指农产品不加以包装，直接以散状装入运输工具内进行输送的运输形式。散装运输有利于提高装卸和运载效率；降低工人劳动强度，改善工人劳动条件；节省包装物料和器材；改进经营管理，节省费用开支；提高运输效率，加速车船周转；防止农产品污染；为实现整个系统的机械化、自动化创造条件。目前，中国国家储备系统已在全国范围内实现了粮食的散装、散运、散卸、散存，即“四散”化，进一步改善了国储粮的调运环境。

2. 包装运输

包装运输是指把农产品包装以后再装入运输工具进行运输的一种形式。这种运输方式在装卸中会起到保护农产品安全，防止抛散损失，避免污染，便于农产品出入、装卸、搬运和中转作业，减少发、收双方在交接过程中进行检验作业的工作量，方便交接等作用。受当前运输条件所限，我国农产品运输长期以来一直以包装运输为主要形式。

3. 集装箱运输

集装箱是指交通运输部门根据其运输工具的特点和要求特制的装商品的货箱。集装箱运输可实现整件吊装，机械化程度高，不但提高了装卸效率，还便于不同运输方式之间的联运。集装箱运输方式为发展我国内外贸易运销和国际联运创造了条件，显示出明显的优越性和经济效益，发展前景看好。

三、农产品合理运输

农产品运输的问题主要体现为农产品的不合理运输。所谓农产品不合理运输是指在农产品的运输过程中违反了客观经济规律，没有按照商品合理流向组织调运，从而浪费了运力和运费，使得在运输中所消耗的劳动力没有取得最大经济效益。农产品不合理运输必将造成农产品在途时间长、产品和资金周转慢、环节多、损耗大、费用高，影响农产品生产的发展和消费者市场的需求。

（一）农产品运输过程中的不合理现象

农产品运输过程中的不合理现象见表 7－8。

表 7－8　农产品运输过程中的不合理现象

现象	具体描述
空驶	空车无载货行驶，是最严重的不合理运输。造成空驶的原因大致如下：社会运输体系不完善，依靠自备车辆进行运输，造成单程空驶；由于计划不周，信息失准，车辆空去空回、双程空驶；车辆过分专用，无法搭载回程货品，造成单程空驶
对流运输	又称相向运输，指同一种货品在同一线路上做相对方向的运输，如：甲乙双方互相向对方的方向运输同一种货品，与对方发生运程上的对流；另外，货品也可以是能互相替代却不影响使用与效率的相似货品

续表

现象	具体描述
迂回运输	迂回运输是指货物本来可以选取较短距离进行运输，但是却选择了较长路程的线路进行运输，就是我们平时讲的“绕远路”，比如：农产品从甲地到乙地之间，有两条或两条以上的运输路线时，没有选择一条最短的路线，而是选择了绕道而行的远路。但如果是为避免交通堵塞、道路情况不好、特殊限制而发生的迂回，就不能归为不合理迂回运输
倒流运输	倒流运输是指货物从起运地送出又回流至起运地的现象，其位移近似于零，往返两趟都是不必要的
重复运输	重复运输是指本来可以直达的货运，在中途停滞并重复装卸再送达目的地的不合理运输形式。虽然这样没有增加运输里程，但是增加了不必要的装卸环节，延缓了速度，增加了费用。比如，农产品本来可以从起运地直接送往目的地，但因物流中心设置不当、计划不周或商品分配不合理等原因，在中途把产品卸下来，经过一次转运后再运往目的地
托运方式选择不当	这是指本可以选择最好的托运方式而未选择，造成运力浪费及费用加大的不合理运输形式。如本应选择整车托运的，却最终决定进行零担托运
运力选择不当	运力选择不当是指未利用各种工具的优势而选择不适宜的工具进行运输的不合理现象。如水路、铁路、大型船舶的过近运输等
超限运输	超过规定的长度、宽度、高度和重量进行运输，容易引起货损、车辆损坏及公路路面和公路设施的损坏，还会造成严重的事故。因此，在考虑农产品运输时，一定要全盘考虑，以减少甚至杜绝不合理的运输现象

（二）农产品合理运输的含义、原则及措施

1. 农产品合理运输的含义

农产品是易腐、易耗产品，农产品合理运输至关重要。合理运输，就是按照客观规律，用最小的消耗组织产品的调运，达到最大的效果。简单而言就是以最快的速度，走最短的里程，经最少的环节，用最省的费用，及时安全地将产品从产地运往销地。对农产品来说，就是根据“及时、准确、安全、经济”的原则，制定合理流向规划，选择最优运输方式和路线，开展农产品直达、直线和“四就”（就厂、就车站、就仓库、就船）直拨运输，促进轻泡农产品“三化”（打包机械化、包装规格化、装裁定型化）等，从而做到多快好省地完成农产品的运输任务。因为资源和消费地两头分散，农产品保质时间短，影响因素很多，所以组织农产品的合理运输工作，需主要考虑以下几点：

（1）“快”速运输。尽快地组织农产品调运，以尽量减少农产品在运输途中的损耗，及时满足市场需要。

（2）“近”距离运输。尽可能地组织农产品就近运输，使农产品走最短的里程运达目的地，以达到保质保鲜、节省费用的目的。

（3）“少”环节运输。尽量减少不必要的中间环节，包括在选择运输工具、运输方式和包装方式上，改进轻泡农产品包装，提高车船装载量，力争用最小的运力完成运输。

（4）“省”费用运输。努力减少各项费用开支，降低速输成本，节省农产品运输费用。

2. 农产品合理运输的原则

（1）及时省时原则。一般农产品在使用价值上具有一定的时效性，特别是鲜活商品易于腐败变质，要求及时运输，以节省运输时间，减少途中的储存和转折，达到保质保量的目的。

（2）安全原则。运输过程中，对于产品的分类包装、装卸和运输，要有防止损耗的安全措施，对鲜活商品的运输，更应有特殊的运输工具和设施，尽可能减少损耗。

（3）经济原则。从产区运送到销区，尽可能缩短运输里程，特别是在长途运输中，经常出现水、陆转运的情况，特别要做好中间储存和转送的衔接，充分发挥各种运输工具的效能，如大中城市的猪肉、鲜蛋、酱菜、豆制品等也适合采取直拨运输，以减少运输损耗和损失，节省运输费用，提高运输的经济效果。

3. 农产品合理运输的措施

（1）按经济区域组织农产品流通。所谓农产品流通的经济区域，是指由自然地理位置、交通运输条件、生产力布局状况和产供销关系等各种因素决定，自然形成的科学合理地组织商品流通的地域范围。按经济区域组织农产品流通有利于消除农产品运输中的对流、倒流、重复、迂回、过远等不合理现象。

（2）合理选择农产品运输方式、运输路线和运输工具，另外，可实行公铁分流，发挥各自优势。在我国的陆路运输中，200 千米以内公路运输的费用要低于铁路运输；对于果蔬类易腐烂农产品，运距在 450 千米以内时，公路运输比铁路运输更适宜。

（3）实行分区产销平衡，确定农产品合理流向。所谓实行分区产销平衡，确定农产品合理流向，就是根据农产品的产销分布情况和交通运输条件，在产销平衡的基础上，按照近产近销的原则，规划农产品合理流向图，并用这种方法把产供销和合理运输路线相对固定下来，使农产品运输制度化、合理化。这有利于加强产、供、运、销之间的相互衔接及其计划性，消除过远、迂回、倒流等不合理运输现象。这一措施适用于产地集中、销地分散，或产地分散、销地集中的品种单一、规格少、运量大的农产品。

(4) 建立农产品运输的“绿色通道”。在农产品运输之前把所有手续办理完毕，省略中途的各种检查、缴费手续，以减少农产品的在途时间。

(5) 大力开展联运。联运是指运用两种以上运输工具的换装衔接联合完成农产品从发运地到收货地的运输过程。开展联运，既适应我国的交通运输条件和运输能力，也适应农产品产销遍布全国点多面广的特点，只要联运衔接合理，就可以缩短待运时间，加速运输过程。

(6) 大力发展集装箱运输。集装箱运输过程机械自动化操作程度高，是现代高效运输形式，它能够适应农产品易腐易变的特点和运输要求，应大力发展这种运输形式。

(7) 提高运输工具的使用效率和装载技术。提高运输工具的使用效率就是既要装足吨位，又要装满容积，这就必然要求提高装载技术。适宜的装载技术可以充分挖掘运输工具潜力，运送更多的农产品，从而降低运输成本，节约运费开支。

(8) 推广“冷链”运输。“冷链”运输能抑制微生物的繁殖和酶的活动，防止农产品变质和减少途中的损耗，值得大力推广。

实践活动

网络直播销售的定价

根据本章第一节的内容，如果有机草莓进行网络直播销售，请根据当地的情况进行定价，并尝试设计品牌及外包装。同时做过程记录，包括：有机果园的选择、网络销售策划、品牌定位、采摘与储藏、快递的选择。

【结果评价】

根据表 7-9 对有机草莓直播销售定价活动进行评价。

表 7-9　评价表

操作内容	配分	评分内容及评分标准	自我评价	教师/同学/家长评价
有机果园的选择	8 分	有机的资质（4 分）		
		产量（4 分）		
网络销售策划	8 分	文案（4 分）		
		网络平台及主播聘用（4 分）		
品牌定位	32 分	宣传理念及定位（4 分）		
		视频拍摄（4 分）		
		画面美观（4 分）		
		包装材料的选择（5 分）		
		产品外包装的设计（5 分）		
		销售政策的制定与调整（10 分）		
采摘与储藏	12 分	新鲜度（4 分）		
		储藏保鲜（4 分）		
		仓储量控制（4 分）		
快递的选择	40 分	收货地的远近（10 分）		
		快递费（5 分）		
		快递服务质量（5 分）		
		快递的包装材料选择（10 分）		
		运输过程中的保鲜处理（10 分）		
总计		100 分		

参考文献

[1] 张小平. 农产品营销 [M]. 北京：中国农业出版社，2017.

[2] 刘南，兰振东. 运输与配送 [M]. 北京：科学出版社，2017.

[3] 刘向兵，等. 新时代高校劳动教育论纲 [M]. 北京：社会科学文献出版社，2019.

[4] 王燕. 幼儿园玩教具制作与环境创设 [M]. 2版. 北京：人民邮电出版社，2019.

[5] 檀传宝. 劳动创造美好生活 [M]. 北京：中国劳动社会保障出版社，2019.

[6] 杨美男. 学前儿童卫生与保健 [M]. 北京：中国人民大学出版社，2019.

[7] 任思颖，王明进，彭高丰. Office 2016 高效办公案例教程 [M]. 北京：航空工业出版社，2018.

[8] 洪应党，朱浩，向米玲. 新时代劳动教育教程 [M]. 北京：航空工业出版社，2020.

[9] 李文峰. 劳动实践活动课程的开发与运作 [M]. 广州：暨南大学出版社，2019.

[10] 李珂. 嬗变与审视：劳动教育的历史逻辑与现实重构 [M]. 北京：社会科学文献出版社，2019.

[11] 夏翼，马春红，王林浩. 信息技术：基础模块 [M]. 北京：航空工业出版社，2020.

[12] 胡颖蔓，欧彦麟. 大学生劳动教育 [M]. 长沙：中南大学出版社，2020.

[13] 赵鑫全，张勇. 新时代大学生劳动教育 [M]. 北京：机械工业出版社，2021.

[14] 朱忠义. 劳动教育与实践 [M]. 北京：北京理工大学出版社，2020.

[15] 徐国庆. 劳动教育 [M]. 2版. 北京：高等教育出版社，2021.

[16] 植林，罗嘉文. 新时代大学生劳动教育理论与实践 [M]. 北京：化学工业出版社，2020.